互联网时代大学生思政课教学理论与实践研究

王　玺◎著

北京燕山出版社

图书在版编目（CIP）数据

互联网时代大学生思政课教学理论与实践研究 / 王
玺著 . -- 北京 : 北京燕山出版社 , 2023.8

ISBN 978-7-5402-7032-2

Ⅰ . ①互… Ⅱ . ①王… Ⅲ . ①大学生—思想政治教育
—教学研究—中国 Ⅳ . ① G641

中国国家版本馆 CIP 数据核字 (2023) 第 155618 号

互联网时代大学生思政课教学理论与实践研究

著者：王玺

责任编辑：战文婧

封面设计：李伟

出版发行：北京燕山出版社有限公司

社址：北京市西城区椿树街道琉璃厂西街 20 号

邮编：100052

电话：86-10-65240430（总编室）

印刷：天津和萱印刷有限公司

成品尺寸：170 mm × 240 mm

字数：220 千字

印张：12. 25

版别：2024 年 5 月第 1 版

印次：2024 年 5 月第 1 次印刷

ISBN：978-7-5402-7032-2

定价：72. 00 元

作者简介

王　玺　四川广元人，博士，西南石油大学马克思主义学院讲师。研究方向：思想政治教育、马克思主义中国化。主持和参与多部课题，并发表多篇论文。

前　言

随着互联网技术的快速发展，社会思想领域的变化也日趋多元化。互联网在信息搜集、传播等方面的突出特性，使得社会大众在获取信息、互相交流时更加便捷。目前，高校学生是互联网使用最为广泛、最为活跃的一个群体，他们所处的校园舆论环境与社会舆论环境发生了天翻地覆的变化，大学生群体在思想和价值观念方面呈现多元化、多样化、多变化的特点。互联网技术的发展对大学生这一特殊群体的思想、政治、文化、道德产生了举足轻重的影响。

一直以来，高校的思想政治教育都是非常重要的。它虽然不会给学生带来眼前的利益，但对于学生健康人格的养成非常重要。在新的环境下，国家和高校更要重视对大学生的思想政治教育。在以往的教学中，思想政治教育的主要阵地是课堂，由于部分教师教学方式不够灵活，大学生逐渐形成了对思想政治课堂刻板的印象，认为思政课是一门非常枯燥的学科，并没有太多价值，甚至对其产生了排斥的心理。在互联网时代，思政课的内容和形式发生了很大改变，一些新教学技术的应用，使课堂变得更加富有趣味性，教师和学生之间的交流互动也不必再受时空限制，教师可以随时监督学生学习，并进行线上答疑。丰富的教学形式拉近了师生之间的距离，并逐渐将思政教育融入校园文化中，保证了思政课的教学品质。

本书内容共分为六章。第一章为思政教学概述，主要介绍了三个方面的内容，依次是思政课的地位与功能、思政课教学的原则、思政课教学的理念。第二章为互联网时代高校思政课现状，包含三个方面的内容，依次是互联网时代大学生心理状况分析、互联网环境下高校思政课教学面临的挑战、互联网环境下高校思政课教学面临的机遇。第三章为互联网时代思政课教学研究，主要介绍了三个方面的内容，依次是互联网时代思政课教学实效性探讨、互联网时代思政课教学网络化探讨、互联网时代思政课互动教学模式探讨。第四章为基于互联网的思政课教学方法的创新，主要介绍了三个方面的内容，依次是互联网时代思政课云课堂的应用、互联网时代思政课"慕课"教学模式、互联网时代思政课"翻转课堂"教学模式。第五章为互联网时代思政教学平台的拓展，包含三个方面的内容，依次是思政教育主题网站的建设、课外社交沟通平台的建设、移动互联网的应用。第六章为互联网时代思政教学教师队伍的建设，主要介绍了三个方面内容，依次是互联网时代思政课教师队伍指导理念、互联网时代思政课教师队伍建设要求、互联网时代思政课教师队伍建设途径。

在撰写本书的过程中，作者得到了许多专家学者的帮助与指导，参考了大量的学术文献，在此表示真挚的感谢。本书内容丰富新颖、系统全面，论述深入浅出、条理清晰，但由于作者水平有限，书中难免会有疏漏之处，希望广大同行及时指正。

王玺

2023 年 1 月

目　录

第一章　思政教学概述

思想政治教育是高校教育教学的主要组成部分。思政教学的好坏，对大学生的思想、道德、品质以及未来发展有着极其深远的影响。本章介绍了思政教学概述，分别从思政课的地位与功能、思政课教学的原则、思政课教学的理念三个方面展开论述。

第一节　思政课的地位与功能

在全面建成小康社会的大环境下，高校思想政治课的地位举足轻重，其作为教育的一个重要环节持续稳固地为全面建成小康社会这一重要战略任务输送可用人才，为我国屹立于世界强国之林提供人才支撑。

一、高校思政课的地位

（一）科教兴国、人才强国的战略需要

大学生是非常珍贵的人力资源，是国家和民族的希望和未来。因此，加强和完善大学生的思想政治教育，使大学生成为中国特色社会主义事业的建设者和接班人，对我们实施科教兴国与人才强国的战略，加快社会主义现代化建设，全面建成小康社会，使我国在世界范围内永远处于领先地位，使中国特色社会主义事业兴旺发达，是非常有意义的。

科教兴国，指的是以科学技术是第一生产力的原理为依据，以教育为本，将科技与教育放在经济社会发展的首位，加强国家的科技力量并将其转化为实际生产力的能力，提升整个国民的科技文化素质，使经济发展走上以科技进步和提升

工人素质为主要动力的道路，加快实现国家的繁荣。"人才强国"的内涵，就是要以"人才"为中心来提高一个国家的核心竞争力、综合国力。

科教兴国和人才强国战略的提出和制定，是按照党和国家事业发展的紧迫需要，在当今世界和国内都发生深刻变化的现实条件下，决定并实施的一项重要决策。自改革开放以来，"中国速度"在全球范围内创造了一个巨大的经济奇迹，其持续增长的态势更是让全世界都为之震惊。但是，随着我国经济的不断发展，改革的不断深化，我国对人才的质量要求越来越高，对人才的数量需求越来越大，这就使得我国的人才短缺问题日益突出。中国共产党对近代以来，尤其是当代的世界经济、社会和科技的发展趋势和经验进行了科学的分析和总结，认为未来的科技尤其是高科技的发展对国家的综合国力、社会经济结构、人民生活以及现代化的过程将产生重大的影响；在分析我国国情的基础上意识到，要实现国民经济的持续、健康、快速发展，加快经济增长方式的转变，必须依靠科技进步和人才的培养。

实施科教兴国、人才强国战略，是一个关乎民族前途命运、国家前途命运的重大基础项目，对于加速推进社会主义现代化和中国特色社会主义建设进程有着举足轻重的作用。而无论是科教兴国的战略还是人才强国的战略，都对人才的重要性给予了重视，都要求对知识和人才有足够的尊重。这就是为什么邓小平在改革开放的大趋势中一再强调人才问题的重要性，他讲："改革经济体制，最重要的、我最关心的，是人才。改革科技体制，我最关心的，还是人才。"[1] 他曾明确地提出人才是最宝贵的资源，是第一要素，从战略的高度提出人才在改革开放的各项事业中的极端重要性："正确的政治路线要靠正确的组织路线来保证。中国的事情能不能办好，社会主义和改革开放能不能坚持，经济能不能快一点发展起来，国家能不能长治久安，从一定意义上说，关键在人。"[2] 由此也可以看到不管是在经济发展上，还是政治发展上，人才的重要性都不言而喻。从创新科技的角度上看，一个民族进步的灵魂是创新，一个国家兴旺发达的不竭动力也是创新，所以，人才是科技进步、国家繁荣、经济社会发展的第一资源，人才问题与党和国家的兴旺发达、长治久安密切相关。因此国家既要有具体的人才培养使用政策，更要有

---

[1][2] 邓小平. 邓小平文选（第3卷）[M]. 北京：人民出版社，1993.

政治远见，为 21 世纪的社会主义事业，培养出几十亿的高素质劳动者，以及几千万的专业人才。

"科教兴国""人才强国"两者都突出了教育的根本地位，都要求把教育放在第一位。科学技术的发展依赖于人，而培养人又依赖于教育。在培养高质量人才、提升全民族的创造力方面，教育起到了无可取代的重要作用。同时，教育对于中国这个发展中国家来说，也是一项重要的工作，它决定了中国的经济、社会能否取得更大的进步。这也是为什么邓小平始终强调要把教育作为一个国家最基本的事业来抓，邓小平很早就指出："不抓科学、教育，四个现代化就没有希望，就成为一句空话。"①

百年大计，教育为本。教育是一项基础性工程，是社会主义物质文明和精神文明建设中的重要组成部分。教育对提高全体人民的思想道德素质和科学文化素质，对培养一代又一代社会主义事业接班人，具有重大的战略意义。而要实施科教兴国和人才强国战略，不管是对人才的重视，还是对教育的重视，都要对思想政治教育进行强化，这已经成为题中应有之义。科学技术的发展对人才提出了更高的要求，其中培养德智体美全面发展的人这一要求中的一个重要方面就是加强思想道德素质。教育的内容，不仅要有知识、技术，更要有思想政治素质；高校德育工作更是一个系统的工作，它不仅要有科学、文化、知识的培养，更要有思想政治的培养。因此，在实施"科教兴国""人才强国"战略的过程中，必须加强高校思想政治工作。

大学生是我国最珍贵的人力资源，是我国建设创新型国家的坚强后盾，是实施科教兴国战略的生力军，是祖国的未来，是民族的希望，是中国特色社会主义事业的建设者和接班人，同时也是世界各国外来力量和意识形态竞相争取的对象。因此，在实施"科教兴国""人才强国"战略的全过程中，对高校学生进行思想政治教育具有十分重要的意义。

现在，全球处于大发展、大变革、大调整的时代，以信息科学、信息技术为代表的全球技术革命，正形成一个新的高潮，科技进步一日千里，如今的国际经济、科技竞争，正以人才和知识为竞争的核心。如今，我们可以更加清晰地看到，现在和将来的世界竞争，归根结底是人才的竞争。大学生是将来社会主义现代化

---

① 邓小平. 邓小平文选（第 3 卷）[M]. 北京：人民出版社，1993.

建设的中流砥柱，能否把他们培养好、使用好、凝聚好，就成了决定国际竞争胜负的关键。

（二）社会主义制度的内在要求

在无产阶级的革命事业中，一般民众在无产阶级革命事业中所面对的，"或者是资产阶级的思想体系，或者是社会主义的思想体系。这里中间的东西是没有的（因为人类没有创造过任何'第三种'思想体系，而且在为阶级矛盾所分裂的社会中，任何时候也不可能有非阶级的或超阶级的思想体系）。"① 在当代社会中，既有资产阶级的意识形态与社会主义意识形态的尖锐对立，也不可能有超阶级的或非阶级的意识形态，这两大意识形态也始终在进行着争夺群众的斗争，"对社会主义思想体系的任何轻视和任何脱离，都意味着资产阶级思想体系的加强。"② 无产阶级革命要想获得胜利，就必须坚决反对一切试图巩固非社会主义意识形态的势力，积极地对群众进行社会主义意识形态教育，任何让步或忽略社会主义意识，都是资产阶级意识形态对工人运动的侵蚀。

中国的革命、建设和改革开放事业同样如此，必须时刻注意社会主义意识形态的教育。事实上，中国共产党也正是按照这种要求来实践的，在马克思主义中国化的历史进程中，中国共产党一直注意加强思想政治教育，从未放松。毛泽东在总结我们党领导的中国革命斗争实践历史经验的基础上指出："掌握思想教育，是团结全党进行伟大政治斗争的中心环节。如果这个任务不解决，党的一切政治任务是不能完成的。"③ 邓小平反复强调要把思想政治工作放在重要地位上，并总结历史发展经验然后提出，既不能把主要精力放在搞大规模的政治运动上，又要坚持两手抓、两手都要硬，排除对社会主义建设的一切干扰。各级各类学校任何时候都不能放松和削弱思想政治教育，始终要把其放在教育的重要地位。胡锦涛将思想政治教育提高到了影响国家发展和民族未来的战略高度。习近平在结合当前社会发展实况的基础上总结经验，提出要认真践行社会主义核心价值观，加强当代高校思想政治教育，不断为社会主义发展提供持续动力。

---

①② （德）马克思，（德）恩格斯著；中共中央马克思恩格斯列宁斯大林著作编译局译. 列宁选集第一卷 [M]. 北京：人民出版社，1960.

③ 梁星亮. 延安时期中国共产党局部执政研究 [M]. 西安：陕西人民出版社，2018.

在中国革命和社会主义建设的过程中组建的第一代中央领导集体是以毛泽东为核心，他提出要把中国的具体国情和马克思主义的普遍原理相结合，开创了"农村包围城市"的中国革命道路，形成了毛泽东思想。在中华人民共和国成立前召开的七大中，毛泽东思想被确立为党的指导思想并被写入党章，在中华人民共和国成立之后，毛泽东思想理所当然地成为高校思想政治教育的重要内容。中华人民共和国成立初期，高校普遍废除以前的课程，而代之以马克思主义为主要内容的"政治课"，进行关于"历史唯物论""社会发展史""政治经济学"和"新民主主义论"的教育。换言之，大学生的政治理论课一方面是要讲授马克思主义的普遍原理，一方面则是要传授毛泽东思想的内容。尽管课程名称和具体内容后来有所调整，但这两大方面的内容很长时间内一直未变。中华人民共和国成立初期在"三反""五反""抗美援朝"等政治运动中开展对大学生的思想政治教育，一方面是要求大学生认清形势，另一方面则是要求大学生在实践中接受教育。比如，当过渡时期的总路线总任务提出来以后，在各高校继续加强理论学习的同时，中央文化教育委员会和教育部很快就指示："特别是要加强高等学校中的政治思想教育，向学生进行国家过渡时期总路线的教育和马克思主义列宁主义基础知识的教育。"[1]包括后来的"知识青年上山下乡，接受贫下中农再教育"，固然有在当时解决就业问题方面的考虑，但从大的方面来说实际上是知识青年接受中央关于中国社会未来发展思想的教育实践。

中国共产党在领导改革开放的过程中又逐渐形成了邓小平理论，这一理论在十五大上被写入党章，同样成为党的指导思想。很快，中国共产党的理论进一步体现在大学生的思想政治教育上。

1980年教育部、共青团中央发布《关于加强高等学校思想政治工作的意见》，1986年颁布中共中央、国务院批转的《国家教委关于加强高等学校思想政治工作的决定》的通知，1987年中共中央又做出《关于改进和加强高等学校思想政治工作的决定》等，都是随着邓小平理论的形成与丰富，对大学生的思想政治教育提出新的要求。

1994年，中共中央颁布《关于进一步加强和改进学校德育工作的若干意见》，

---

① 王晖慧，李伟斯，李萌杰．新时代大学生思想政治教育发展探索[M]．长春：吉林大学出版社，2018.

1999 年颁布《关于加强和改进思想政治工作的若干意见》对高等学校的思想政治教育提出新的要求，主要是为了保证大学生及时学习马克思主义中国化的新成果，保证"三个代表"重要思想进教材、进课堂、进入大学生的头脑。

2004 年，中共中央、国务院颁布的《关于进一步加强和改进高校思想政治教育的意见》和随后的一系列工作，都是在这样一个大背景下开展的。科学发展观思想的提出对什么是发展、为什么发展、如何发展等问题做出了更深层次的解答，使马克思主义的发展有了新的内涵，即要从新的时代实践要求出发；同时也使中国特色社会主义的理论体系得到了更多的内涵拓展。学生要通过对中国特色社会主义理论体系的学习，对社会发展的规律、国家未来的命运、自己的社会责任、自己的使命、自己的信念、中国特色社会主义的发展方向等方面有更深刻的理解。《关于进一步加强和改进新形势下高校宣传思想工作的意见》是中共中央、国务院办公厅、中共中央办公厅印发的一项重要文件。党和国家在新时期、新常态下，为全面建成小康社会指明了方向、筑牢了防线、统一了思想、凝聚了共识，为实现两个百年目标，实现中华民族伟大复兴的中国梦，提供了思想保证、精神动力和道德支撑的重大战略举措。这也充分表现出了习近平对当代高校思想政治教育的重视。

（三）大学生自身健康成长的内在需要

从根本上来说，思想政治教育工作之所以存在，是因为其本质上是人和社会发展的需要，是促进个人健康成长和社会顺利发展的不可或缺的工具。人是由生物性、社会性、精神性这三个基本维度来定义人类本质属性的。人的生物性和其他生物基本一致，人类若要生存，就一定需要物质能量的供给，这就涉及人和自然的关系了，所以，为了生存，人类就不得不发展科学技术，提升自己的工作效率，尽可能地从大自然中获得更多的物质能量，以维持人类的生存与发展。此外，人与其他动物的根本区别还在于，人是一种精神性的存在，高智力的人不仅不满足于吃饱，还不断地寻找着生命的意义。每一个人都应该有自己的理想、信念、尊严、自由、独立性。但是，理想与信念的确立与实现，自尊与独立与自由的取得，都依赖许多因素。这本身就是一个理论创新的过程，需要经过艰难的理论创新才能形成一套与人类社会发展规律相一致的理论体系。与此同时，它还需要在社会化的过程中内化为社会中每一位成员的自觉追求，这当然与思想政治教育工作分不开关系。

处于青春期的大学生自尊心强，好胜心强，也具有摆脱权威、追求独立的一面，这些都是青年人的优点，是青年大学生追求上进、敢于创新的基础。但青年大学生自身也有许多的局限，长期在封闭的校园中成长，对社会了解较少；没有经历挫折的历练；对人生应该具备的相关知识了解不多，体悟不深；因此需要更为系统、深入的世界观、人生观教育，将人之所以为人的本质要求化为自己内在的要求。因此，从青年大学生的实际情况出发，让大学生能够顺利成才的重要环节，就是加强高校思想政治教育工作。21世纪大学生想要成才就必须具备公平竞争意识、团队合作意识、民主法治精神和百折不挠的意志等。高校一定要改变过分重视专业学习，而忽视理想教育、政治教育、道德教育、心理教育的不良教育观念，为学生成为合格的社会主义建设者奠定坚实的基础。

1. 塑造个体人格

具有不同素质并在不尽相同的社会环境中所形成的意识倾向和比较稳定的个性心理特征的综合就是我们常说的人格。简言之就是做人的规格。人的规格有高有低，所谓塑造理想人格，就是有意识地创造人们共同景仰的人格范型，引导人们达到更高的道德目标。人格包括人的认知能力特征、行为动机特征、情绪反应特征、人际关系协调程度、态度信仰体系、道德价值特征等。

人格不仅控制着人的行为方式，而且决定了人的发展方向。思想政治教育工作者通过一系列传导理论和实践活动方式，促使受教育者形成社会所要求的品格、思想境界、道德情操等。思想政治教育工作者把外在的社会要求转化为受教育者的内在知识，再由这些受教育者的内在意识、动机将其转化为外在的行为和行为习惯。为了促成这两个转化，思想政治教育工作者必须不断研究社会要求与人格完善之间的关系，研究内化的具体条件，为进一步促进个体人格的完善提供良好的基础条件。

中共中央、国务院《关于进一步加强和改进高校思想政治教育的意见》，明确把培养什么人、如何培养人作为高校工作的根本任务，这就要求我们站在全局和战略的高度，充分认识高校在加强党的执政能力建设中所肩负的重要使命，努力探讨新形势下教育发展的新规律，牢牢掌握社会主义人才培养工作的主导权，在市场经济条件下，确保高校是切实为人民服务的学校，是贯彻社会主义核心价值观的楷模，是构建和谐社会的重镇。

2. 提高整体素质

建设"人民满意"的大学，是我国高校建设的一个重要方面。高校毕业生的思想政治素质是高校毕业生素质的核心。高校思想政治教育是高校思想政治工作的保障和重要组成部分。这种保障作用主要表现在以下方面：一是通过长期的、频繁的爱国主义、集体主义、社会主义教育，思想政治教育能够提高人们的思想政治素质，从而有利于巩固社会政治制度，维护社会政治稳定；二是思想政治教育能提高人们的政治认识、培养人们的民主意识、加强人们的法治意识和政治责任感，使人们能够参加政治生活，从而使国家成为一个真正意义上的民主国家；三是思想政治工作能从构建预防机制、创新民主管理机制、完善民主集中制、提升民主管理水平、健全监督和约束机制等方面来推动社会主义民主政治的发展。

3. 解决深层次思想问题

社会的发展、时代的变迁、教育的变革，使得一些与我国国情、高校育人目标不相容的东西进入校园，给学生带来了不良的影响。一些大学生淡忘了国家意识，消解了民族身份，逐渐失去了对传统的认同感。一些大学生对重要的政治理论问题一知半解，头脑不清晰，甚至个人的世界观、人生观、价值观都存在误区与偏差，对当前社会问题缺乏全面系统深入客观的理解和认识，对中国特色社会主义道路、共产主义信念缺乏信心，对党和政府缺乏信任，思想颓废、态度消极，对前程感到迷茫。因此，加强高校思想政治教育已成为解决大学生深层次思想问题的必然要求。

二、高校思政课的功能

担负着"育人"重任的高校思政课功能不容小觑，在大学生的学习和生活中产生着巨大的作用。

（一）导向功能

导向功能是思想政治课的根本功能，这种功能是任何其他教育都无法代替的，可以体现出思想政治教育的目的性和超越性。思想政治教育的导向功能主要表现在三个层面,即理想信念、奋斗目标和行为方式,这同时也代表了三个不同层次的教育:理想信念教育,主要内容是马克思主义理论体系;政治教育,主要内容是党的方针政策;道德和法纪教育,主要内容是社会主义道德和法纪。这三个不同层次的导向之间是一种既相互联系又相互依存的关系,三者共同构成了思想政治教育的导向功能。

互联网时代具有开放性、渗透性和趋同性的特点,所以高校的思想政治教育必须利用这些优势,以确保思想政治教育导向功能的充分发挥。传统的思想政治教育通常采用的是内塑型的教育模式,在教育过程中是将与教育目的相关的知识信息通过"灌输"的方式教授给学生,以语言或是文字的形式直接告诉学生应该做什么,不应该做什么。而现代互联网环境下的思想政治教育则不同,其是以潜移默化的方式来对大学生的思想观念进行规范和约束。

信息社会,互联网在一定程度上已经开始引导人们的生活。日常生活中,人们对网络上的信息极为关注,这些信息的受关注程度决定了人们关注问题的次序。针对这种情况,很多媒体就开始有意识地对信息进行议程设置,以此来引导群众对社会和政治信息进行关注和思考。互联网本身具有开放性的特征,这种特征会导致受众产生趋异性;但是互联网又具有交互性和渗透性,并且在人为进行议程设置的情况下,这种趋异性在很大程度上被淡化,并逐渐转为趋同性。在互联网时代,思想政治教育要充分利用这种趋同性,确保其导向功能的正常发挥。

综上,思想政治教育工作者必须要有在网络空间争当主流文化主导者的意识,以平等对话、研讨、交流等互动形式,通过对事实和真理的阐述来纠正舆论走向,让受教育者形成正确的思想观点和价值观。

(二)沟通功能

在网络时代,思想政治教育的沟通功能是通过网络上的交流与交互来实现的。"互联网+"环境下的思想政治教育就是利用这种交流手段,把思想政治教育所需要的知识和理念以最快的速度向受教育者传递,并获得及时的反馈。它不仅是一个沟通和传达教育信息的过程,更是一个传递情感的过程。这种教育主客体之间思想情感的交流与融合有利于实现两者对于思想政治教育文化认知的一致性。

（三）大众传播功能

互联网以其快捷、方便、不受限制等特点，成为大学生思想政治工作的一个重要载体。传统媒体（如报纸、电台、电视），固然可以尽力改善它们的局限性，但是要像网络般充满活力，交互性是远远不够的。尤其是在大学生眼中，传统媒体本身的理论内容就比较乏味，所以很难让人接受它的"说教"。大部分大学生都希望有一种更容易接受的交流方式。网络媒体以丰富的图像、视频、声音为载体，对观众而言，这种媒体更具吸引力和趣味。同时，网络为人们提供了一个可以自由发表观点的平台，这对于提高思想政治教育传播的广度与深度具有积极的意义。

在高校思想政治教育的传播方面，互联网是一种新兴的工具和载体，它以其自身的传播速度快、互动性强和覆盖面广等特点，很好地实现了其大众传播功能。当前我们要在传统的思政课教育途径和方法上寻找新的突破，利用好互联网这一新型载体，让其成为开展高校思想政治教育又一强有力的工具，为倡导和践行高校思想政治教育而服务。

（四）开发功能

开发功能指的是通过对大学生进行思想政治教育，在最大限度内调动起人的内在潜能和主观能动性的发挥。人具有主观能动性，可以去认识世界和改造世界，这是思想政治教育能够具有开发功能的根本原因。

但需要注意的是，人的这种主观能动性具有一定的层次和深度，无法任由人们进行使用和发挥，需要通过一定的手段对其进行开发和挖掘，一般常用的手段主要有以下几种。

第一，尊重个人的兴趣爱好，充分发挥人的感官优势是开发个人潜能的基本要求。信息内容丰富和功能独特是互联网的突出特点，将其作为教育阵地满足了大学生的学习要求，同时也是大学生乐于接受的。因此，高校在进行思想政治教育的过程中，就可以充分利用这个阵地，开发一些形象生动的教学软件，以此引起学生的学习兴趣，确保学生可以在一种积极的氛围下接受教育，挖掘自身的潜能。

第二，开发功能的重点是开发人的潜能，这就需要通过各种形式和手段充分调动人们内在的积极性、主动性，促进人们智力和能力的同时发展。在大学生健康成长的过程中，互联网可以充当一种"助推器"，通过自身所拥有的丰富形象和直观的思想政治教育资源，来满足大学生对知识和信息的需求。在这种情况下，思想政治教育工作者可以采用参与式或是启发式教学来推动大学生积极、主动地进行学习。

第三，开发人的潜能的最高层次就是培养人的创造精神。互联网的出现为思想政治教育提供了一个培养大学生创造精神的新空间。互联网具有交互性的特征，其拓宽了大学生的思维空间，促使大学生的思维方式更加灵活多变。大学生通过对互联网的利用可以学到更多的知识，了解到更多的信息，拓宽自己的视野。通过实施"互联网＋"思想政治教育，高校可以让大学生知道有不同思维的存在，培养大学生的信息素质和鉴别能力，使大学生亲身感受到不同文化和思想的碰撞，以此提高大学生判断问题、分析问题和解决问题的能力，促进大学生创新思维的开发。

（五）保证功能

高校思想政治教育具有保证的功能，表现为其可以服从和服务于社会规律，具体来说，思想政治教育的保证功能主要体现在人的思想和行为层面，并通过人们在政治、思想和行为达到一致性来最终实现。保证功能可以从三个方面体现出来：第一，可以通过促进大学生在政治、思想和行为方面达成统一，以此来保证其稳定作用的发挥；第二，对经济和利益关系进行合理调节，对人们的思想认识进行平衡，保证社会实现健康的发展；第三，促进不同的人群实现思想和情感的交流与沟通，协调好人们的工作和行为，促进人与人之间的相互理解，加强彼此之间的联系与合作。

互联网具有虚实两重性、平等交互性、快捷增殖性、广阔兼容性等特征，对人们的生活产生了重要的影响，增加了"互联网＋"思想政治教育任务的负担，因此在具体实施的过程中，必须确保其保证功能的正常发挥。

（六）调节功能

学习调节、生活调节和心理调节是高校思想政治课程的调节作用的三大方面。大学生的学习动机之一就是对未知和追求真理的强烈兴趣。网络可以很好地满足他们对知识和信息的渴望，而且，网络还可以提供一种参与式和启发式的学习模式，这一点要比简单的灌输更加受到大学生的欢迎。在"象牙塔"中，大学生的生活相对简单，导致学生缺乏社会阅历，但在网络世界中，大学生可以体验更加多姿多彩的世界。将"互联网+"思想政治教育融入大学生的日常生活中，能够陶冶他们的心性，调整他们的精神状态。与此同时，利用网络进行的心理咨询还具备了隐蔽性、保密性、便捷性等特点，它能够满足大学生倾诉、发泄的心理需要，能够对大学生的情感、学习、生活以及人际关系等方面进行有效的引导，从而在帮助大学生树立正确的人生态度、培养健全的人格方面发挥积极的作用。

（七）育人功能

思想政治课的育人功能是指通过教育活动来提升大学生的思想政治素质，从而帮助他们建立正确的世界观、人生观和价值观，使他们的个性得到完善。需要说明的是，马克思主义关于人的全面发展理论是思想政治课发挥育人作用的指导理论，即大学通过对学生进行思想政治教育，既要增加学生的知识积累，提升学生的思想政治素质，又要促进学生的全面发展，从而培养一批能够为国家建设服务的优秀人才。

新时期教育者通过互联网向学生传播思想政治教育信息，对大学生的发展产生系统的影响，同时大学生也可以通过互联网对这些信息进行反馈，这对思想政治教育信息的传播和制作具有重要的影响，有时甚至会产生决定性的作用。这是一种良性的互动，通过互联网这个媒介，传播者与受众、教育者与受教育者之间就可以实现主客体间的沟通与交流，以便及时对教育中的不足之处进行完善。

不断提高大学生的鉴别能力也是思想政治课育人功能的一个具体体现。网络信息复杂多样，不利于大学生对有用信息进行识别。在这种情况下，高校就必须对大学生进行思想政治教育，以此来提高大学生对信息的辨别和选择能力。也就是说，高校所进行的"互联网+"思想政治教育不仅要进行"防御"，同时还要能够"进攻"。所谓的"防御"指的是通过实施"互联网+"思想政治教育来提高大学生对网络信息的辨别能力，积极抵御不良网络信息对大学生思想的侵袭。而"进攻"则指的是大学生要对互联网进行充分的利用，宣传正面的思想理论，展示中国特色社会主义建设的成就，批判那些西方的资本主义腐朽思想和落后观念。

（八）社会功能

社会群体对社会运行以及其他群体的影响力和作用，也就是社会各阶层的内在特性作用于社会的反应，就是所谓的社会功能。互联网一出现就成为社会的重要组成部分，与人们的生活密切相关。互联网给人们带来了越来越多的惊喜：新闻传播、网络娱乐、网上聊天等，互联网逐渐覆盖到社会方方面面的建设，人们的生活也逐渐离不开互联网。互联网在人们的生活中扮演着越来越重要的角色，基于此，其在高校思想政治教育的传播中也起着至关重要的作用。高校要将思想政治教育与互联网紧密结合。互联网具备传播的三个社会功能：守望、协调及教育功能，并且由于自身具有开放性、交互性和匿名性等特点，互联网成为一把"双刃剑"，在给高校思想政治教育带来机遇的同时也带来了挑战。

第二节　思政课教学的原则

思政课教育教学原则来源于思想政治教育的实践，贯穿于思想政治教育全过程，原则不是条条框框的规定，不是教条和命令，而是具有指导意义的要求。互联网时代的思政课教育教学只有在实践中坚持思政课教育教学原则，才能不断提高教育的针对性和实效性。

一、主体性原则

开展思政课教育教学工作的过程中，教育者和受教育者在互联网时代形成了新型的、主客体之间的密切关系，这就是主体性原则。大学生的自我意识、民主意识和成长意识等多种意识形态随着互联网技术的快速发展和普及，也进入到一个飞速变化发展的阶段。大学生表现出了全新的精神风貌，他们更擅长处理人际关系，重视与他人的沟通和交流，擅长用新的态度和方法来处理主客体之间的关系。

网络环境下，在思政课教育与教学中，主体与客体之间存在着一种复杂的、具有互动性质的关系。也就是说，如果这个教育情境是由教育者主动创造的，那么教育者就是主动施教的主体，而受教育者就是被动接受信息的客体。如果这一教育情境是由受教育者主动创造的，那么，受教育者不仅是主动学习的主体，同时也是自我教育的主体，教育者只起到辅助、参与、服务的客体作用。从这一点可以看出，和传统的教育方式不同，在网络思政课教育教学中，教育者与受教育者一直都是一种互动的关系，不同于传统的教育模式中的抽象化、静态化的关系，它是一种具体的、动态的、主客体交互的教学过程。高校学生主体性思想的迅速发育与成熟，为"主体性—客体"教育关系的形成奠定了基础。

因此，在思政课教育教学工作中，教育者必须始终坚持教学理念和教学原则的主体性，明确大学生主体性发展的特点，鼓励大学生主体意识行动的发挥，满足大学生的需求，促进大学生的全面发展。

在互联网时代，思政课教育教学工作在开展过程中贯彻主体性原则需要做到以下两点。

（一）不断加强调查研究

只有通过详细的调查研究才能对大学生和当前的思政课教育教学状况有充分和准确的了解，才能掌握大学生的各种需要以及他们的性格特征，从而有的放矢，根据具体情况改进和实施思政课教育教学。这一工作的重点在于抓住"互联网+"时代思政课教育教学过程中大学生思想和行为方面的主要矛盾，尽可能地满足其成长成才的知识和情感需求，对他们形成有效指导。

例如，对于刚进入大学的大学生来说，他们对网络技术的需求是帮助提高自身的学习能力，提高综合素质，因此在对他们进行思想政治教育时，重点是提供一个良好的校园网络文化氛围，帮助他们掌握网络学习的正确方法、养成良好的网络素养、加强自身对网络信息的甄别，防止大学生沉溺于网络世界无法自拔，抵御不良信息对大学生的伤害。而对于大三、大四的大学生来说，他们已经适应了校园网络文化环境，在网络活动中已经能够对自身的行为进行控制，参与网络公共事务的自觉性也得到了提升。因此，对大三、大四大学生进行思政课教育教学，必须注重他们的主体性，充分发挥他们的主体意识，对他们参与网络事务观念和行为进行规范，保证他们的健康发展。

在思政课教育教学中，教育者要注意使用恰当的教学方法，充分发挥互联网的教育阵地作用，疏通互联网沟通渠道，加强教育者与被教育者在网络和现实中的沟通与交流，建立网络和现实社会中的反馈机制，让大学生养成良好的民主实务参与习惯，不断完善思想政治教育机制。

（二）提高大学生主观能动性

将互联网技术与思政课教育教学相结合时，除了要发挥教育工作者的主体作用，也要尽可能地使大学生发挥其自我教育的主体作用，全面推动互联网时代思政课教育教学工作的实效性。

二、疏导性原则

互联网时代思政课教育教学工作需要遵守的一条重要原则是——疏导性原则，这一原则体现了思政课教育教学"合目的性"和"合规律性"的统一。

大学生思政课教育教学的一个突出的特点就是带有明显的目的性，这种目的性是人主观意识的客观反映，既能体现出当前阶段社会发展的要求，又能体现出国家和人民的需求。互联网时代的思政课教育教学工作还体现出目标指向性和价值取向性。要使思想政治教育在多元的网络文化环境中始终占据主导地位、代表正确价值观的形象，教育者既要通过正确的网络手段或是渠道对社会舆论进行引导，维护人民的利益，同时还要批判网络上那些庸俗偏激的思想和观点。与传统的教育环境相比，互联网是一个新开辟出的教育环境，因此将其作为思政课教育教学的新阵地，必定还要去面对和解决很多问题和难点。例如，如何引导和把握网络文化就是思政课教育教学当前面临的一个重要问题。

互联网技术的发展和网民人数的急剧增加共同推动了网络文化的产生，人们可以相对自由地以匿名状态发表自己的观点，互联网世界具有虚拟性、参与性等特征，这种状态的发展催生了一套独属于网络空间的话语体系。在这一网络话语体系下，怎样构建思政课教育教学的话语体系，怎样让大学生尽快适应网络环境中的表达方式，怎样实现教育者和受教育者之间的有效沟通，都是互联网时代思政课教育教学工作所要面对和解决的问题。互联网技术的发展在使得信息传播呈现开放性、去中心化等特点的同时，也使人的认知和思维能力突破了边界，在虚拟时空得到了新发展。但网络利弊共存，如何使人们清楚地认识网络技术对思想行为的影响；如何趋利避害，使网络技术为我所用；如何有效辨别各类信息而不使得自身的思想行为遭到蚕食；怎样才能够对网络舆论的发展规律有所了解并采取适当措施对网络舆论加以控制；怎样才能有效应对网络舆论危机。以上问题都需要我们认真思考并解决。

如果不能未雨绸缪或是及时解决各项问题，那么互联网与思政课教育教学的融合便不能达到最优效果。因此，互联网时代的思政课教育教学工作既要对思政教育本身的强烈目的性加以肯定，又要对网络传播过程中的各种问题加以考虑和解决，把握其中的规律。只有将合目的性和合规律性统一起来，将主导和疏引相结合，才能踏踏实实、一步一个脚印地实现思政课教育教学的疏导性原则。

三、前瞻性原则

当今社会发展日新月异，在思政课教学中，我们不仅要认识到网络与思政课的发展特征，更要用发展的观点来预测网络与思政课的发展趋势。前瞻性原则就与这一要求相吻合，在网络环境下，思政课教育教学的前瞻性需要教育者以现实状况和发展的可能性为依据，对未来的发展做出大胆、理性的判断，让自己的思想放飞，以现实为基础，又要超越现实。在目前的社会环境中，有远见的思维是非常重要的。互联网的发展给我们构建了一个开放的空间，这个空间并不只是一种特定的需要，而更多的是一种能够容纳各种新需要的总体架构。正是因为这种开放性和无限性，才让网络技术变得如此具有吸引力，让无数的人都投入到对互联网技术的探索中，乐此不疲，并不断地创造出新的网络技术。

网络技术要想组成一个微观信息系统，就必须要有信息、信息媒介和客户群参与进来，从思政课教育教学的角度来说，这个系统为其提供了一扇新窗口，本质上是一个全新的场域。

前瞻性原则主要体现在网络环境下的思政课教育教学的工作策略和方法上。随着时代的进步，网络技术也有了新的特点，利用互联网开展大学生思想政治教育，就一定要把握住这些特点，并有针对性地正确引导大学生的网络思维和网络行为，确保他们健康成长。在互联网技术刚刚发展起来时，各大校园的网络建设已经走上了快速发展的道路，多媒体、万维网等被广泛使用，丰富多彩的网络信息很快就获得了大学生们的喜爱，网上冲浪、信息漫游也很快地进入了他们的日常生活，并占据了他们大部分的时间。然而，开放的信息环境在为大学生提供了最新的信息、拓宽了他们的眼界的同时，也对他们的思想产生了很大的影响。西方资本主义理念的泛滥以及社会上的多元化思潮的泛滥，无疑会对高校学生的价值取向造成一定的影响。教育者要有前瞻性地看待这些问题，在运用网络开展思政课教育教学的过程中，注意网络文化软环境的建设，积极宣传形式多样、内容丰富、有教育意义的内容，从而引起学生的注意，潜移默化地提升学生的思想道德素质。目前，许多高校已经开设了一些旨在提升大学生思政意识的专题网站，比如北大开设的"红旗在线"，这表明我们在网络平台上进行了一定的思政课教育与教学的探索。

当前我国将互联网技术融入思政课教育教学的经验还不够成熟，不论是外在环境还是内在发展，都给互联网时代的思政课教育教学带来了诸多挑战和机遇。道路是曲折的，前途是光明的，在探索和实践的道路上无论遇到什么样的困难，我们都要敢于创新，以坚韧不拔、急流勇进的精神面貌迎接新的挑战和解决新的问题；还要顺应网络发展的潮流，瞄准机会，把握机遇。在思政课教育教学中，只有坚持前瞻性原则，才能高瞻远瞩、高屋建瓴、未雨绸缪，以冷静的头脑、主导性的姿态面对一切变化。

四、实践性原则

近年来，我国互联网相关技术发展迅速，并开发了大量的互联网设备，这些对人们的工作和生活都产生了深刻的影响，也起到了推动我国社会发展的巨大作用。在此基础上，我们也不能够忽略新开辟出的思想政治教育平台，这不仅是大学生思政课教育教学的实践性本质特征决定的，也是当前互联网高速发展的要求。

我国在网络发展过程的不同时期也遇到过各种各样的问题，这就要求我们在网络时代快速向前推移的同时，一边进行网络理论和实践方面的工作，一边解决不断出现的新问题。青年大学生正处于一个乐于接受新鲜事物也更容易接受新鲜事物的好奇阶段，所以他们对网络的应用更加深入，受网络的影响更加深远。现在，社会环境在不停地变化发展，网络环境也是这样。我们必须要扎根于网络发展的实际情况，用发展的眼光重点关注思政课教育教学体系的反思和重建，着眼于思政课教育教学内容和方式的更新，切实提高思政课教育教学的效果，达到创新思想政治教育的目的，解决大学生成长过程中不断出现的新问题。

在思政课教育教学中坚持实践性原则,即要求教育者不断拓宽教学途径,将理论与实践相结合,不断加强学习,把握好互联网时代开展思政课教育教学工作的方式方法。

(1)思政课教育教学工作者要与时俱进,既具备基础的网络技术,又真正融入网络生活。新时代互联网技术飞速发展,这就要求教育者不断学习网络知识和进行实践,既避免与大学生产生代沟,又不至于落后于时代潮流,还能创新教育方法、增强教育效果。教育者要想真正融入网络生活,具备网络意识是关键,在平时的教育和生活中,要主动与大学生进行网上交流,用心感受网络文化、体会大学生们的思想行为,真正做到和学生们一起交流感悟。

(2)思政课教育教学工作者要对网络文化有详细了解。没有调研就没有发言权,思政课教育教学工作者只有通过各种渠道对这一新兴事物有深入的了解,才能认同这一文化,从而保证在网络环境中与大学生畅通地交流。在当前的互联网文化环境中,大学生的网络实践表现出了明显的亚文化色彩特性,这对于传统大学生思政课教育教学过程中教育者和被教育者之间的有效沟通是极为不利的。因此,在思政课教育教学中,教育者必须掌握这种新的网络话语系统,才能保证在网络上实现与教育者间的顺利沟通,提高双方沟通的有效性。用大学生常用的语言表达方式对其进行教育也能缩短心与心的距离,提高思政教育的实效性。

(3)思政课教育教学工作者要转变教育观念。新时期的教育与传统教育已大有不同。中国人自古以来倡导"尊师重教",学生对老师也大多敬而远之,然而随着时代的发展,人们更加注重平等和自由,倡导一种"亦师亦友"的关系。网络的发展给师生搭建了沟通和建立感情的桥梁,教育者要转变传统的权威型的知识灌输者的角色、改变说教型的教育方式,以平等的姿态与大学生进行交流,从朋友的角度对大学生的思想和行为进行引导,从而增强教育效果。

五、方向性原则

方向性原则是指思政课教育教学要坚持正确的思想导向和政治导向。主要表现为,思政课教育教学要旗帜鲜明地坚持社会主义和共产主义方向,坚持党的基本路线,高举社会主义大旗,坚定不移地沿着社会主义的方向发展。只有坚持方向性原则，才能不偏离航向、不背离初衷，始终保持无产阶级思政教育的本色；只有坚持方向性原则，才能起到纲领性作用，对人们的思想和行为加以统一，充分发挥思政教育的作用。

开展思政课教育教学的根本要求是坚持方向性原则，在思政课教育教学过程中要毫不动摇地坚持社会主义方向。第一，必须以马克思主义及相关理论成果为指导。第二，贯彻思政课教育教学方向性原则的自觉性要不断提高。培养社会主义四有新人是我们充分认识自身育人的目的，这就要求我们自觉地把方向性作为重要指引，不能偏离教育目标，将培养方向和目的贯彻在每一项工作中，从细节抓起，从规范抓起。与此同时，大学生也应该知道思想观念和政治素养有些时候能够对一个人产生巨大的影响力，所以要做好思政课教育教学工作就必须要坚持正确的方向性，坚定社会主义的政治方向。第三，贯彻方向性原则必须重视科学性。要想做好工作，方式方法很重要，尤其是不能用强迫的手段对大学生进行思想观念的教育，这种方法只能管一时，不能长久有效。因此，要想达到事半功倍的效果，我们就需要灵活应用各种教育教学方法开展大学生的思政课教学工作。

六、求实原则

求实原则体现了一种踏实工作的科学态度。百年大计，教育为本，处于意识形态领域的思政教育更是根本中的根本，广大思政课教育教学工作者必须踏踏实实、认认真真、全力以赴地投入教学事业，才能够取得良好的教学效果。针对性是思政课教育教学的一个十分重要的特点，要做好这一点，就必须坚持实事求是的原则。在具体的思政课教育教学过程中，教育者必须认真观察、总结、反思，从社会现实和受教育者的实际情况着手，运用马克思主义的理论知识认识问题和解决问题，并不断进行思考，把握问题的规律，帮助自己更好地开展育人工作。简而言之，求实原则就是遵循理论联系实际，从实际出发，实事求是的思想路线。

（一）理论联系实际的含义

1. 牢固掌握思政课教育教学的相关理论知识

理论知识是对前人经验的科学总结，只有深入学习、牢固掌握相关理论，才能够让理论正确指导实践，促进实践的顺利进行。因此，在进行思政课教育教学时，对本学科的理论知识进行全面掌握是最基本的要求。

2.以实践为落脚点

任何科学的理论知识都不是空穴来风，其来源于实践，又作用于实践，受到实践的检验。也因此理论才能富有活力和生命力，随着时代的发展不断创新进步。理论联系实际就要坚持实事求是，矢志不渝地坚持和发扬理论和实际相结合的原则和作风。

（二）贯彻求实原则的要求

1.积极主动地对马克思主义的相关理论进行学习

马克思主义基本原理及其中国化理论成果是人们认识世界以及百十年来革命和建设的智慧结晶。马克思主义是被实践检验了的科学的理论，在当代仍然焕发着生机和活力，有着鲜明而有效的指导作用，能够帮助人们形成正确的价值观，进而大大降低犯错误的概率。因此，教育者必须自觉进行马克思主义理论的学习。

2.以实际作为一切工作的出发点

任何工作都不能脱离生活和现状，思政课教育教学工作更是如此。在开展思政课教育教学时，教育者和受教育者都要坚持主观与客观、主体与客体的统一；以实际为基准，制订科学的工作计划，选择恰当的工作方法，逐步深入推进思政课教育教学工作。

3.循序渐进地解决问题

在思政课教育教学工作中坚持求实原则，就必须按照及时发现问题、切实弄清问题、正确解决问题的三个步骤来办事。

（1）及时发现问题。用敏锐的眼光发掘实际存在的问题与矛盾，正视矛盾，不回避矛盾。发现问题是解决问题的第一步。

（2）切实弄清问题。发现问题后要仔细分析问题，只有这样才能更好地解决问题，要善于研究，抓住问题的实质，不为假象所蒙蔽。

（3）正确解决问题。在解决问题的过程中要坚持科学理论的指导，脚踏实地，将问题彻底解决。

七、身教言教相结合原则

（一）身教重于言教

身教与言教相结合，身教重于言教，这是党的思想政治教育工作的优良传统，也是思政课教育教学工作的重要原则之一。

1. 由思政课教育特点决定

做好思政课的教育教学工作，一是靠说，二是靠做，也就是言教和身教。所谓言教，就是教育者运用言语、演说、文章等宣传和教育方法，对被教育者进行劝导和教育，从而起到影响作用。所谓身教，就是教育者用自己的言行举止和实际行动，为受教育者做出榜样，从而对其起到教育的作用。对受教育者而言，丰富的知识、幽默的语言、雄辩的口才和机智的言教虽然很重要，但若不能与其实际行动相符，甚至背道而驰，则只会遭人嘲笑。以此为基础，教育者要把言教与身教有机结合起来，时时刻刻都要对自己的行为和言论进行规范，在各个方面都要给被教育者做榜样，用自己的一言一行积极影响被教育者。

2. 由党的思想政治教育优良传统决定

言教与身教紧密结合，身教胜过言教一直是我们党的优秀传统。不管是在革命战争年代，还是在和平建设时期，无数共产党人都冲锋在前、退却在后，吃苦在前、享受在后，对人民产生了很大的教育作用。在学校里，广大教师教书育人，以身作则，他们的政治态度、治学风格、思想品德、言行作风，都会对大学生产生一种潜移默化的影响。很多思想政治教育工作者都切实奉行教育别人做到的，自己首先做到，教育别人不做的，自己首先不做，起到了很好的表率和榜样作用。思想政治教育强调言传身教，这既是做好思政工作的必要条件，也是传承和发展我国思政工作数十年来的优良经验有效途径。

3. 思政课教育工作自身的要求

高校思政课教育与教学既是一项日常工作，又是一项具有群众性、民主性和实践性的工作。"打铁先得自身硬""喊破喉咙不如做出样子"，思想政治教育工作的声誉，主要来自于思政课教育教学工作者的以身作则、率先垂范，只有这样，才能有效地影响和教育大学生，并促使他们自我教育、自我提高，互相教育、共同提升。实践证明，无声的身教在进行思想政治教育时是非常有效的。将身教与言教有机地结合起来，身教重于言教，这不仅是思想政治教育工作具有战斗力、吸引力和说服力的保障，也是思政课教育教学工作者应该具备的基本素质。

（二）身教言教相结合原则的要求

贯彻身教与言教相结合、身教重于言教的原则，要求思政课教育教学工作者身体力行，做到学为人师、行为世范，时刻谨记自己的教师身份，端正自己的言行，以自己的模范行为为大学生作出榜样。因此，思政课教育教学工作者必须有扎实的知识功底、良好的品德修养、突出的工作能力。自己有一桶水，才能给人一碗水；自己懂马列、信马列才能宣传马列，使人信服地接受马列理论；自己是一个有理想、有道德、有文化、有纪律的人，才能将大学生塑造成为社会主义"四有"新人。无声的行动远比漂亮的口号更加有用。作为人类灵魂的工程师，思政课教育教学工作者更要以身作则，用自己的人格魅力征服大学生，使他们自觉主动地学习，提高思想觉悟，规范自己的言行，最终达到思政课教育教学的目的。

第三节　思政课教学的理念

人们对教学活动的看法和持有的基本态度和观念被称为教学理念，它是人们从事教学活动的信念，也是人们认识的集中体现。

教学理念分为理论层面、操作层面和学科层面三个类别。明确的教学理念对教学活动有着极其重要的指导意义。因此，树立正确的、与时俱进的思政课教育教学理念对思政课教育教学的成效有着巨大的推动作用。在当前的互联网时代，思政课教育教学要与时俱进，树立现代化教学理念。

一、开放创新理念

大学阶段是大学生步入社会的重要准备阶段和过渡阶段，在现代社会历史条件背景下，大学不再像以往一样是一个比较封闭的环境，而是到处体现着时代发展气息的象牙塔，迈进大学校园，到处充满朝气、充满活力，大学成为学生面向社会、面向人生、面向世界、面向未来的新型园地。有容乃大，大学之"大"，正在于此，它容纳了各种学术文化思想，思想的火花在这里碰撞，智慧的光芒在这里散发。正因如此，大学给予了人们开阔的视野，开放的思维和充分自由、全面、和谐发展的空间。因而，思政课教育教学也应该强调开放性、发散性、立体性、自由性和创造性，注重以开放的视野、发散的视角、立体的维度、自由的模式和创造性的气魄来培养人、造就人，树立开放创新的理念，坚持与人的开放式思想活动同步、坚持同社会的开放性发展合拍，从而使大学生思政课教育教学更好地贴近实际、贴近生活、面向世界，面向未来，使大学生更好地为社会主义建设事业贡献自己的力量。

（一）开放创新理念的内涵

在计划经济时代，我国形成了一套固有的思想政治教育模式，但是随着我国对外开放程度的不断加深，社会主义市场经济的发展已经取得了一定的成果，原有的思政课教育教学模式已经不能再适应社会的需求，因此高校必须对大学生思政课教育教学模式进行创新。从当前大学生思政课教育教学情况来看，在实际操作中，存在着较为严重的短期行为、孤立行为、务虚行为和信念模糊等情况，这对互联网时代提高大学生的思想道德素质是极为不利的。想要全面提高大学生的思想政治素质，就必须改变以往的教育模式，创新教学理念，在全球意识、服务意识、现代意识的指导下，切实提高大学生思想政治教育工作的质量。

（二）开放创新理念的落实

在思政课教育教学中，我们要以现代思想政治教育的基本原则和规律为依据，做到五个坚持统一，即坚持理论与实践的统一、坚持时代性与实效性的统一、坚持继承与创新的统一、坚持真理与价值的统一、坚持系统性与开放性的统一，这样才能不断创新思政课教育教学。

教育者要创新思想政治课程的教学内容，创新思想政治课程的教学方法，创新教师队伍，创新保障机制。

思想政治教育教学内容的创新，必须把理想信念教育作为思想政治教育的中心，进一步深化思想政治教育的改革与建设；重视科学与人文的结合；重视并加强对高校学生的网络道德与法律知识的教育。

创新思政课教育教学方式和方法有以下五点要求：一是坚持外部灌输和引导学生自我实践体验有机结合；二是要重视感情的相互影响，做到情理相融；三是思想政治教学要与现实生活紧密结合；四是要充分利用网络、移动电话和微博等新媒体，拓宽思想政治教育和教学的新阵地；五是在教学中应充分利用时尚、情感和文化等因素，提高教学的针对性和实效性。

在改革创新教师队伍建设上，高校必须要建立一支具有专业性高素质的师资队伍；因此，必须从加强师德建设入手，培育和提升教师的人格魅力。

此外，在保障机制方面也要有创新，主要有以下几点。

第一，建立一套科学的评价思想政治教育教学成效的制度，对思想政治教育教学成效进行定期的督促、检查、评估，以便对思想政治教育教学进展情况及实际成效有一个整体的把握。

第二，高校要使思想政治课程教育教学与社会实践相结合，与学生的实际情况紧密结合，因人施教，因材施教；要主动引导学生到社会中去，在实践中接受教育，在实践中成长。

第三，重视对学生的主体性、自主性的培养。高校要重视改进教学方法，在教学过程中强化师生的双向互动，指导学生进行自我认识、自我评价、自我约束、自我激励和自我完善。

第四，要对思想政治课程的教育与教学进行有效的保证。高校要确保和增加对思想政治教育教学的必要资金投入，要积极为思想政治教育实践活动提供必要的设施、器材和活动场所。高校思想政治教育是高校思想政治工作的重要组成部分。

二、全面发展理念

人类的全面发展是很重要的问题，如果这一问题得到很好的解决，则会对社会经济的发展起到很大的促进作用；如果问题得不到有效的解决，那么就会对社会经济的发展产生巨大的阻碍。大学生思政课教育教学肩负着培养社会主义合格、可靠接班人的重任，是促进人类全面发展的重要工程。

（一）全面发展理念的内涵

注重学生的全面发展，并随着时代的变化适时地扩大其内涵，是我们党的一个优良传统。1957年，毛泽东在《关于正确处理人民内部矛盾的问题》中就进行了关于德、智、体全面发展的讨论。他指出："我们的教育方针，应该使受教育者在德育、智育、体育几方面都得到发展，成为有社会主义觉悟的有文化的劳动者。"[①] 在此基础上，邓小平继承并发扬了人的全面发展的思想，提出了培养"四有"新人，并把这一理念放在社会主义精神文明建设、中国特色社会主义文化的中心地位。江泽民在北京大学建校一百周年的庆祝大会上的致辞中，提出了关于"大学生要坚持学习科学文化知识与提高道德修养相统一，学习书本知识与参加社会实践相统一，实现个人价值与为国家人民相统一，树立远大理想与进行艰苦奋斗相统一"[②] 的"四个统一"，并着重强调了大学生这一类型的青年知识分子的发展目标、成才路径、价值取向和实现方式，从而为他们的全面发展、健康成长提供了一个明确的方向。

2004 年，《关于进一步加强和改进大学生思想政治教育的意见》由中共中央、国务院发布，对高校学生思想政治工作提出了新的要求。《关于进一步加强和改进大学生思想政治教育的意见》中从"科教兴国""人才强国"的战略高度，充分明确了大学生的思想政治工作的重要性，如今在激烈的国际竞争环境中，在全面建成小康社会和加快社会主义现代化建设的战略目标指导下，我们必须要培养有中国特色社会主义事业的合格建设者和可靠的接班人。十八大在中国特色社会主义道路上提出了"推进人的全面发展"，这不仅是对科学社会主义思想的继承，也与中国目前国情相适应。在党的领导和高度重视下，推动大学生全面发展、健康成长，是适应新时期社会发展的客观要求，也是一项十分重要的工作。

通过以上几个方面的论述，我们可以看到，在高校学生中实现"全面发展"，其主要内容是：思想道德素质、科学文化素质、身心健康素质的共同发展，三者相互协调，促进了大学生的全面发展。思想道德素质是高校素质教育的灵魂，是高校素质教育的基础；科学文化素质在高校素质教育中占据主导地位；身心健康素质是成就人才的根本，大学生的思想道德素质和科学文化素质都是基于此基础发展的。因此，我们可以说，要实现大学生的全面发展，就必须使大学生在思想道德、科学文化、身心健康等方面协调、可持续发展。

（二）全面发展的教育教学思路

用全面发展的观点指导思政课教育教学工作，其主要目的是让大学生树立起

---

① 李捷. 毛泽东著作辞典 [M]. 杭州：浙江人民出版社，2011.
② 顾海良. 高校思想政治教育导论 [M]. 武汉：武汉大学出版社，2006.

全面发展的教育观，实现大学生在思想道德素质、科学文化素质、健康素质三方面的协调发展。

1. 思想道德素质教育

思想道德素质是指个体通过接受一定的教育和参加社会实践活动，经过独立自主、积极理性的思考后形成一定社会或阶级所要求的思想观念和道德准则，并自主、自觉与自愿地做出相应行为的素质与能力。一般来讲，大学生思想道德素质包括思想素质、政治素质和道德素质三个方面。思想道德素质教育是大学生素质教育的灵魂，大学生是我们实现中华民族伟大复兴的希望，他们的思想道德素质水平直接关系到全面建成小康社会的目标能否顺利实现。在新的历史条件下，加强大学生的思想道德素质教育，努力提高他们的思想道德水平，对于弘扬中华民族伟大民族精神和时代精神，在社会上形成良好的道德风尚，全面建成小康社会，加快推进社会主义现代化建设具有十分重要的意义。

（1）思想素质教育的内容

对大学生进行思想素质教育，其主要目的是要提高大学生的马克思主义理论素质，让他们掌握科学的世界观和方法论，在分析问题的过程中善于运用马克思主义的观点，培养学生的创新意识，满足社会的发展需求。具体来说，思想素质教育的内容主要有以下两点。

第一，马克思主义基本理论教育。其意义在于促使大学生努力学习和全面掌握马克思列宁主义基本原理、毛泽东思想、邓小平理论、"三个代表"重要思想、科学发展观和新时代中国特色社会主义思想，使大学生具有扎实的马克思主义基本理论功底。

第二，马克思主义世界观和方法论教育。高校要深入开展马克思主义哲学教育、实事求是的思想路线教育、马克思主义认识路线教育和科学方法论教育，引导大学生树立科学的马克思主义世界观和方法论，培养他们自觉地运用马克思主义唯物辩证法的观点和方法认识世界、改造世界、解决实际问题的能力。

（2）政治素质教育的内容

对大学生进行政治素质教育的目的是帮助大学生树立起正确的政治观点，提高他们的政治敏感度和判断力，使其在未来发展中始终坚持维护正确的思想指导，坚持社会主义发展方向，坚决拥护党的领导，坚持民主执政，为中国特色社会主义事业的发展作出自己的贡献。根据这一目标，政治素质的教育内容有以下三点。

第一，理想信念教育。其目的在于引导大学生树立建设中国特色社会主义的共同理想和共产主义远大理想，激励他们为实现这一伟大理想而奋发向上、开拓进取。

第二，爱国主义教育。其目的在于让大学生了解中华民族优秀历史文化传统，弘扬和培育中华民族伟大民族精神，增强民族自尊心、自信心和自豪感，激励他们把满腔爱国热忱投入建设中国特色社会主义事业中去。

第三，民主法制教育。其目的在于帮助大学生树立社会主义民主法制观念，明确作为一个国家公民，所享受的权利和应尽的义务；教导他们自觉遵守国家法制法规，并勇于同一切违法乱纪的行为做斗争。

（3）道德素质教育的内容

对大学生进行道德素质教育的主要目的是提高大学生的思想道德水平，使其遵循道德规范；培养他们对于道德的良好认知能力，使其树立起为人民服务的价值观念，能够正确处理个人与集体利益之间的关系，始终将集体的利益放在首位。

根据这一教育目标，道德素质的教育内容有以下三点。

第一，公民基本道德规范教育。对大学生进行以"爱国守法、明礼诚信、团结友善、勤俭自强、敬业奉献"为主要内容的基本道德规范教育，使他们明确作为一个社会公民所应遵守的最起码的道德。

第二，社会公德、职业道德和家庭美德教育。培养大学生的以"文明礼貌、助人为乐、爱护公物、保护环境、遵纪守法"为主要内容的社会公德，以"爱岗敬业、诚实守信、办事公道、服务群众、奉献社会"为主要内容的职业道德以及以"尊老爱幼、男女平等、夫妻和睦、勤俭持家、邻里团结"为主要内容的家庭美德。

第三，社会主义和共产主义道德教育。在培养大学生公民道德的基础上，还要对他们进行社会主义人道主义教育和以为人民服务为核心、以集体主义为原则、以"五爱"为基本要求的社会主义道德教育，并在大学生先进分子当中提倡大公无私、先人后己的共产主义道德规范。

2.科学文化素质教育

科学文化素质教育包括科学素质教育和人文素质教育两个方面，这两个方面又是紧密联系、相互渗透、不可分割的。科学文化素质教育的具体内容包括很多方面，从德育的角度来讲，大学生科学文化素质教育的重点在于培养两种精神——科学精神和人文精神。这两种精神是科学文化素质教育的核心。

科学精神是人们从科学活动过程中和科学认识成果中提炼出来的价值准则和行为规范，是人们的认识精神在科学认识上的投影，是人类在漫长而艰巨的科学研究探索过程中逐渐形成并不断发展起来的一种主观的精神状态。科学精神激励着人们驱除愚昧、求实创新，不断推动社会的进步。无论是西方近代的文艺复兴，还是我国现代的五四运动，无不显示出科学精神的巨大作用和深刻影响。科学精神是在科学活动的过程中形成并发展起来的，因此，科学精神的内涵也随着科学活动的不断推进而得到充实和发展。在当代，科学精神有着新的时代内涵。科学精神的内涵很丰富，最基本的要求是求真务实、开拓创新。因此，对大学生科学精神的培养，重在培养以下几种精神。

第一，坚定不移的求真精神。科学研究是一种艰苦的工作，通向未知世界的道路绝对不是平坦大道，这条路上布满了荆棘，只有付出辛勤的汗水，矢志不渝，才会获得成功。

第二，尊重事实的务实精神。科学是老老实实的学问，来不得半点虚假和浮夸。只有尊重事实，从实际出发，以实践作为检验真理的唯一标准，才能正确认识客观世界，揭示事物的客观规律。

第三，勇于批判的怀疑精神。怀疑是一切科学创造活动的真正出发点。哥白尼从怀疑地心说而最终提出日心说，达尔文从怀疑上帝造人说而提出进化论，科学就是在不断怀疑批判前人学说的基础上取得进步和发展的。

第四，勇于开拓的创新精神。创新精神是科学得以创新和发展的精神动力与力量源泉。科学活动是从已知出发去探索未知从而发现和认识世界的，它在本质上是具有创造性的。提出新问题、解决新问题、得出新成果，是科学工作者的本职，也是衡量他们工作表现、价值大小的尺度。

人文精神是一个民族、一种文化的内在灵魂和生命，是贯穿在人们的思维和言行中的信仰、理想、价值取向、人格模式和审美情趣。它是特定环境里各类精神价值的综合，是时代文化精神的核心。以人为本，关注人的现实存在和终极价值是人文精神的主旨，也是人文精神得以产生的源泉。人文精神的培养和人文素质的教育在中外教育史上具有悠久的历史，如我国古代儒家所提倡的"君子""大丈夫"等理想人格教育，近代蔡元培先生提出的"普遍教育的宗旨在于养成健全的人格"[①]等，都是重视人文精神培养和人文素质教育的光辉典范。

人文精神是一个历史范畴，在不同的时代有不同的主题。当代大学生人文精神培养的基本内容是根据社会发展需要和目前大学生人文素质的现状来确定的，它主要包括独立人格教育、道德理念教育、人生态度教育和终极关怀教育四个方面。

第一，独立人格教育。独立人格是大学生人文精神培育的基础和前提。一个人只有首先在人格上具有独立性和自主性，不盲目地听从别人，有自己的意见和主张，才谈得上具有人文精神。畏畏缩缩、唯唯诺诺、趋炎附势，连人的尊严都丧失了，又怎么谈得上具有人文精神呢？

第二，道德理念教育。一个人不仅要成为一个独立的人，而且还要成为一个有道德的人。要教育大学生爱人如己、推己及人，设身处地为他人着想；要先天下之忧而忧，后天下之乐而乐，具有仁民爱物的胸怀；要热爱自然，保护环境，维护生态平衡。

第三，人生态度教育。每个人的人生都不是一直顺风顺水的，总会遇到一些坎坎坷坷，所以我们要培养大学生不怕困难、乐观向上、积极进取的生活态度。人生的起起落落更是说明，顺境和逆境往往是在人的生命中交替出现。我们要教育大学生在成功的时候，不要沾沾自喜，要学会居安思危；在逆境中，不要抱怨，要有毅力，要坚持，更要有勇气继续前行。

第四，终极关怀教育。人文精神是具有真实性的、超越现实性的，两者相辅相成。它是一种真实的关爱，反映了社会的内在精神上的追求，同时也是一种最终的关爱，反映了人类对超越有限、追求无限的一种渴望。终极关怀是人类作为有限而希望盼得无限物质的本能渴求，它是人类的精神世界对无限的有限追求和渴望，是人类的生命意义的终极关切。其具体体现在理想与信仰上。我们要把大学生的自身发展与"共产主义"理想结合起来，把自身的有限作为一个蓬勃发展的重要意义。

科学精神与人文主义精神在人类的精神家园中占有举足轻重的位置。就其实质而言，它们都来自人类对真善美生活的渴求。在对大学生进行思想政治教育的

---

① 齐立石.大学生思想政治教育 [M].成都：电子科技大学出版社，2017.

过程中，教育者要重视对他们的科学精神与人文精神的共同培养，因为人文精神能够作为对科学精神的支持，而科学精神又能够引导人文精神的培养。所以，在对大学生进行思想政治教育的时候，教育者一定要注意将科学精神与人文精神有机结合起来，纠正只重视科学精神而忽略了人文精神，或者是只重视人文精神而忽略了科学精神教育的错误倾向。

3. 健康素质教育

健康是大学生成才的重要保障已成为人们的共识。健康的含义，包括生理和心理两个方面的内容。

（1）生理健康素质教育

身体素质是人的素质发展不可缺少的物质基础，是在遗传获得性基础上发展起来的人体形态与生理功能上的特征，包括生理解剖特征（身高、体重、骨骼系统、神经系统等）和生理机能特征（运动素质、反应速度、负荷限度、适应能力、抵抗能力等）。身体健康素质教育也就是我们通常所讲的体育。从德育方面来讲，身体健康素质教育就是要教育大学生树立"身体是革命的本钱"的观念，促使大学生积极参加体育锻炼，增强体质，做到劳逸结合，只有拥有健康强健的身体，才能开展其他一切活动，才能全力提高其他方面的素质。

（2）心理健康素质教育

心理素质是指在认知、情感、意志发展过程中所表现出来的求知欲、审美力、乐群性、独立性和坚持力等。它是个人整体素质的一个极为重要的方面，良好的心理素质是大学生学会适应社会、具有良好人际关系、形成健全人格的重要保障。

近年来，许多有关大学生心理健康状况的调查资料显示，当代大学生心理矛盾日渐增多，由此引发的心理问题也日渐突出。大学生心理健康问题越来越受到社会的广泛关注，加强大学生心理健康素质教育成为大学生思想政治教育的一项紧迫任务。根据大学生心理健康的基本标准和目前大学生当中普遍出现的心理问题和心理疾病的情况，我们把大学生心理健康素质教育内容总结如下。

（1）积极适应性教育

进入大学，面对一个与以前截然不同的新环境，许多大学生都会产生强烈的心理冲突，出现程度不等的适应不良症状，这就需要教育者对他们进行积极的适应性教育，培养大学生适应环境的能力，引导他们掌握排解学习、生活中的心理困扰的方法和技巧，使他们尽快适应新生活，保持心理健康。

（2）健康情绪教育

进入高校后的一段时期对大学生来说，是人生中一个非常特殊的阶段，因此他们有可能会出现迷惘、焦虑、孤独、自卑、苦闷、空虚等心理问题。如果这些问题不能及时得到解决，那就会对他们的健康发展和成长造成很大的影响。由此，高校需要对大学生进行健康情绪教育，让大学生了解人们的情感情绪变化规律，明白情感健康的标准，找到自己情绪变化的特征，学习如何表达自己的情绪，掌握调整情绪的方式，通过使用有效的调控手段，让自己在精神上维持良好的心境和乐观情绪。

（3）加强意志教育

如今，人们的各方面生活都很舒适、优越，大学生作为未来祖国的花朵更是如此，他们没有遇到过什么大风大浪，也没有经历过吃不饱穿不暖的艰苦生活，所以他们对生活有着很高的期望，缺少了面对困难的心理准备，很多人的意志力和承受力都很弱。正是因为这样，高校更需要对大学生进行加强意志教育，让大学生注意到自己身上意志不坚定的弱点，让他们明白一个人如果想成才的话，坚强的毅力和顽强的精神，勇往直前的勇气，都是必不可少的。教育者必须要提高大学生的心理承受力，激励他们持之以恒、百折不挠地朝着既定目标迈进。

（4）健全人格教育

个性问题在高校学生中较为突出，严重危害着他们的身心健康，所以，对他们进行健全人格教育，是一项十分重要的工作。高校需要从大学生的气质、能力、性格、理想、信念、动机、兴趣、人生观等多个方面对其进行人格教育，统筹规划各个方向均衡、协调地发展，使大学生能够拥有理性的思维，学会适当、灵活地待人接物，和社会节奏步调一致，融入集体。

（5）人际交往教育

人是社会性的产物，没有人能够脱离社会而独立存在。保持和提高大学生的心理健康水平，必须使其建立良好的人际关系。教育者要让大学生了解人际交往的特征、规律和人际交往的艺术，让他们能够在集体中与他人和谐相处，学会沟通、互相帮助、互相分享；在团队合作中，能很好地发挥个人才能，更好地实现个人价值；在待人处世中，培养宽容大度、尊重他人、乐于助人的品德。

三、以学生为中心理念

思想政治教育教学工作的主要目的是通过对大学生进行思想教育、说服感化，塑造其人生观、价值观和世界观；主要任务是关心学生自身的发展，从人存在的意义上塑造其正确的人生观，建立精神家园，在此基础上推动他们的全面、自由发展。这是思政课的重要使命。因此，"以人为本"是思政课的价值和目标。思政课教育与教学也必须坚持"以学生为本"的核心教学理念，才能发挥其影响力与亲和力，提高教学效果。

（一）以学生为中心理念释义

罗杰斯是人本主义心理学派的重要代表人物之一。他在长期的心理治疗和研究的基础之上逐渐形成了"以来访者为中心"的治疗理论，并将这一理论扩展到教育领域，提出了"以学生为中心"的教学理念，即非指导性教学模式。

以学生为中心的教学理念，实质上就是尊重受教育者在学习中的主体地位。它包括三个方面：第一，教育者必须具备三种优良的品质，即真诚、接受和理解；第二，教育者必须做到"以人为本"，真正尊重受教育者；第三，必须把受教育者视为学习活动的主体，教学和教育都应以受教育者为中心，尊重受教育者的个人经验，并创造一切条件和机会，促进受教育者学习和变化。[①]

罗杰斯主张"以学生为中心"，主张非指导性教学模式，主张自由学习。但是，"非指导"并不是"不指导的自由学习"也不是"放任自流"。在传统教育模式中，教育者往往是"权威者""决定者"，受教育者是"接受者""服从者"。非指导性教学模式主要是摒弃传统教育模式中教育者占主体地位的弊端，强调受教育者在学习中的主体地位，实现教育者和受教育者的角色转换，促使其平等对话、协同参与，共同完成教学任务。

中国华中科技大学教育科学研究院刘献君教授指出，"以学生为中心"的教育理念不是指教师围着学生转，也不是指教师与学生角色、身份、地位的高低，而是指教学理念、管理理念、服务理念的转变，教学方法、评价手段的转变。教育的目的不在"教"而在"学"，也即"教"只是手段不是目的，学生学习了就有教育，没有学习就没有教育。因此，最根本的是要从以"教"为中心，向以"学"

---

① 车文博.人本主义心理学元理论 [M]. 北京：首都师范大学出版社，2010.

为中心转变，即从"教师将知识传授给学生"向"让学生自己去发现和创造知识"转变，真正关注学生的学习、如何学以及学到了什么。[①]

杜肯大学威廉姆·巴伦内教授从心理学的视角，对"以学生为中心"的教育进行了界定，认为它是将教学的重心从教师教转化为学生自己要学和要做；赋予学生权利，让其更充分地参与学习，对自己的学习更负责的一种教学模式。其效果超越对孤立事实的死记硬背，强调高层次（由记忆、理解、应用到分析、评价、创新）的思考。[②]教育者要提高学生的自主参与性，重视他们的自主学习能力，使其在以自己为主体的学习过程中获得较大的学习效果；在教学中，教师应注重创新，培养与学生之间的良性互动，激发学生的主动思维。"以学生为本"并不一定是一种具体的教学方式，在教育实践中有许多种方式都可以运用；在以生为本的教学过程中，学生不能随心所欲，而要对自己的学习负起责任来。

总之，本科教育要达到从"教"到"学"，从"传统"到"学习"的模式的转变，这就是"以学生为中心"教学理念的本质要求。这种教学理念倡导的是要以学习者作为学习环境和学习活动的中心，并让受学习者自己控制学习过程，高校的目的就是要为学生提供一个可以自主探索、建构知识的环境，以便学生能够主动发现问题、解决问题。教师是学习的组织者和引导者，要从整体的角度来对学习进行设计，在学习的过程中，学生是主体，是知识的探索者和建构者，经过教师的指点教育，他们的学习积极性和主动性才能得到最大程度的发挥。

（二）以学生为中心理念的理论基础

1. 人本主义理论

美国心理学家马斯洛曾创建一个心理学流派，也就是心理学中被称为第三次思潮的人本主义，同时也是美国当代心理学的一个重要分支。其中的典型代表是罗杰斯，这一主义具有反对人类心理低俗化、动物化的精神倾向。

人本主义强调爱、创造性、自我表现、自主性、责任心等心理品质和人格特征的培育，对现代教育产生了深刻的影响。人本主义教学思想关注的不仅是教学

---

① 陈寿灿.解构与重建基于"一体多元"的大商科人才培养体系建构与实践[M].杭州：浙江工商大学出版社，2017.

② 刘利，潘黔玲.互联网＋视域下思政课教学理论与实践发展研究[M].长春：吉林大学出版社，2017.

中认知的发展，更关注教学中学生情感、兴趣、动机的发展规律，注重对学生内在心理世界的了解，顺应学生的兴趣、需要、经验以及个性差异，达到开发学生的潜能、激发其认知与情感的相互作用的目的，重视创造能力、认知、动机、情感等心理方面对行为的制约作用。[①] 在教学过程中，教师的作用已经改变。从一个领导者、一个决策者、一个评价者，变成了一个顾问、一个合作者、一个促进者、一个帮助者。教师的职能从传统的授业解惑的主导责任转变为学生学习的引导责任，教师可以为学生提供更多的学习资源，也可以鼓励引导学生自主学习、独立思考，营造出和谐轻松的学习氛围，让学生在良好的环境中得到更多的学习经验。学生的职责也不仅仅是被动地接受知识，而是拥有了选择权和主动认知权，对学习和考核评价承担了责任。

2. 建构主义理论

建构主义一词是音译过来的，也可以称作结构主义，同样是认知心理学派中的一个分支。

儿童能够与自身周围的环境相互作用，并逐渐建立起关于外部世界的相关知识，使得自身的认知结构有所发展。这一认知过程就是建构主义的基本观点。儿童在与其所处环境进行互动时，存在着"同化"和"顺应"两个最基本的过程。建构主义理论的内涵十分丰富，但是它的核心思想可以用一句话来总结，把学生当作主体，以学生为中心，重视学生自身的主动性，对知识进行探索、发现、建构学习。进一步解读建构主义，就是学生不能通过教师的传授来得到知识，而是要借助外物，这个外物可以是一定的学习情境或学习背景，也可以是他人（包括教师和学习伙伴）的帮助，或者使用一些资料书籍，最后经过自身大脑的认知整理来获得知识。倡导以学生为核心的、在教师的指导下进行的学习，并不是说教师就不再发挥作用，而是把学习的焦点放在学生身上，教师的职责就是辅助学生学习。在学习过程中，学生不再是被动接受、被灌输的客体，而是在知识的处理过程中，成为知识的积极建构者。"以学生为本"的教育观，强调"以人为本"，强调学生在课堂上的主体性，充分体现了建构主义的思想。

---

① 史仁民. 高校辅导员专业发展论 [M]. 北京：中央编译出版社，2018.

（三）坚持以学生为中心的必要性

坚持以学生为中心的教学理念是实现培养人才的教学目的的需要。思政课是对学生进行系统的思想政治教育的主战场，其最终目的就是培养适应时代发展的高素质大学生。因此，思政课教育教学必须面对互联网时代的社会开放和价值多元的现实，正确引导学生，不管是课内还是课外，也不论是线上还是线下，都需要让学生学会如何在各种庞杂的网络信息中进行筛选甄别，充分利用好各种新式媒体媒介，保护好自己的身心健康。

当今的大学生视野开阔、思想前卫，但是他们缺乏人生阅历以及经验，崇尚自我个性的张扬，与强烈的求知欲相比，判断力比较弱，互联网时代纷繁复杂的信息资源很容易影响他们的世界观、人生观以及价值观。因此，思政课教育教学要以学生为出发点和归宿，突出学生的个性发展，满足学生成长成才的合理需求，并及时给予他们帮助和引导，引导他们正视道德冲突，解决道德困惑，尽一切努力用服务的意识去实现教学的目的。以人为本是实现思想政治教育教学目标的必然要求。

高校教育的根本任务是培养人才。思政课教育教学的根本目的就是立德树人，以促进人的全面发展。因此，思政课教育教学必须改变长久以来以"传道"和"灌输"为主要抓手，忽视学生能力和个性的培养的局面。思政课教育教学要贯彻和落实党中央科学发展观、科教兴国和人才强国的战略，进一步强化大学生思想政治教育的任务性，以立德为基础促进树人；坚持以学生为中心，在培养他们明辨是非、自主选择和自我修养的能力的同时，使他们坚持正确的政治方向，自觉抵制各种黄、毒、反动等有害信息的浸染，健康成长，全面发展。

（四）以学生为中心理念的实现方法

1. 塑造新型的师生关系

教育的本质是为了培养学生的健全人格，它不仅仅是传授知识，更是要教育学生尊重和理解生命。教学的真谛是使学习成为可能，教师要创造学习的需要和动机。思政课的教育与教学在互联网时代下具有重要的新意义，这项意义新在学生通过教师的教来使得自己的学更有效率，它还可以对课堂上所构建的师生关系进行测试，以检验在新时代下，通过师生之间的互动与合作，来形成一种新型的师生关系。"互联网+"背景下，思政课程教学中的师生不再是单一的个体，而是相互协作的。要想塑造新型的师生关系必须做到以下三点。

（1）让学生感受到教师的爱无处不在

教育的源泉是爱，如果教育当中没有了爱，那就不能称之为教育。教师对学生的关心主要体现在对弱势群体的密切关注上，教师要多提问"学困生"，在课余时间与同学们谈心，在课后对一些同学进行家访，但这些关注仅限于个别同学，而不是全部同学。"互联网+"时代的到来使教师关心学生的方法更加灵活，覆盖范围更加广泛。通过构建 QQ 群、微信朋友圈等方式，教师与学生及家长进行互动交流。以前，教师只有在开学之后，才能对学生们的学习和生活状况有一个较为完整的了解，而要做到这一点，最起码也要等到开学一、二个月，甚至是半个学期之后。

伴随着各种各样的网络平台的出现，教师能够在任何时候，任何地点，对学生的状况进行全面的了解，并给予学生们关怀，为学生们解答难题，这对于师生之间的交流与沟通具有重大意义。

（2）思政课教师要让学生乐意参与教学活动

每一位学生都有自己的个性，因此，教师应该根据他们的特点来进行教学。在教学中，教师要为学生提供一个学习的机会，提供一个展现自我的平台，调动他们的学习积极性，为他们创造一个良好的学习环境。在网络环境下，教师应充分运用各种信息技术，使学生积极主动地参与到教学中来，比如 PPT 展示、微视频制作等。

（3）重新进行思政课教师的角色定位

在传统思政课教育教学中，教师一言堂、满堂灌使学生个性得不到发展，心理受到压抑，找不到成功的动力。因此，高校必须对传统的思政课教师进行重新定位。

师生是平等的主体。这就决定了教师不应该是一个领导者，不应该是一个严厉的父亲，不应该是一个法官，也不应该是一个"上帝"，而应该是一个良师益友，一个助手。

教师应该把学生放在核心位置，把学生的发展放在最基本的位置上，不仅关注学生的知识汲取，更关注让学生的情感得到丰富、身心得到健全、人格得到完善，让他们学会做人。教师应该成为学生自身发展的推动者、理想追求的引导者、心理障碍的排除者；应该把学生当做学习的主要对象，改变传统的只进行灌输的教学方式，让学生从被动接受转变为主动参与，带领学生走向知识，而不是带着知识走向学生。

做好思想政治教育工作是要关爱热爱每一个学生，用爱心去理解、去尊重、去温暖、去感化学生，这样的教师不但可以教书，还可以是师德高尚、热爱生活、兴趣广泛、才华横溢、乐于和善于与学生打交道的朋友，是学生信赖的良师益友。

在教学中，教师要放低姿态，摆脱"权威"的身份，和学生一起探究，互相促进；要帮助他们克服生活中遇到的各种障碍，克服学习知识过程中遇到的各种困难；要相信他们，鼓励他们做自己力所能及的事情，要支持他们在实践中成长。

2. 创新教学方式

（1）在线教学

网络教学主要分为两个阶段，第一阶段是学习准备的前期，第二阶段是学习的后期，也是学习巩固拓展时期。预习阶段的在线学习，指的是在翻转课堂前，学生们利用多种网络平台，以自己的意志为中心，以目标导学、微课助教、在线测学、问题反馈为主要内容，并以目前已经建立起来的、面向高校的信息技术平台为依托的教学平台，比如在线优质视频、公开课、慕课、微课资源库等，构建出一个多层次、多维度、覆盖广的网络教学平台，比如：建立在线开放精品课程、手机微信课堂、博客、微博、QQ 群等。进入到后期巩固拓展阶段时，在线学习就转变为翻转课堂结束后的非课内时间，学生需要在这段时间内，对教学内容进行巩固、应用和延伸，可以使用的渠道有：校内校外各级的网络资源，比如教育部和各级院校的优秀思政类网站、全国爱国主义教育基地网站、学术与教学资源、数字图书馆、网络论坛、知名高校微信及微博等；还可以使用已有的相关平台和网站，比如本校的特色思政课专题网站、在线课程或个人创建的各种网络教学平台。这些教学工具的使用，都可以让学生通过课后延伸阅读、在线复习与测试、互动交流和评价反思，从而对思想政治理论的发展情况有所了解，教师还可以开展专题活动，如观看影视作品，感受红色教育，播报与评论时事，学习优秀事迹，展播优秀作品等。

（2）课堂教学

翻转课堂也是课堂教学的一种形式，它更多的时候是指思政课老师根据教学安排，在具有多媒体等现代技术手段的一体化教室里进行学生互动式教学，或者在其他一些实际场所完成的课堂教学活动。这种课堂活动不同于传统的师讲生学模式，而是一种释疑、深入、内化、提升的教学过程，是整个教学阶段的关键环节。翻转课堂还可以利用小组团队协作，开展课堂教学活动，教学的主要任务有两大类：一是要解决大部分学生在网上学习中存在共同性的问题，二是要开展对教材重点知识的理解与认知内化、对教学难点的剖析，对教材知识体系进行梳理，对前沿理论与热点现实问题进行讨论，对学生的创新思维等进行塑造。在处理学习问题时，一般采取讨论、分析、总结等教学方式；另外，在处理教学内容的时候，需要理解教材重点知识、剖析教学难点、进行知识体系的梳理，虽然以教师讲授为主，但可以多利用多媒体等现代教育技术手段，以文字、图片、图表、音频、动画、视频等形式，将知识鲜活、生动地呈现给学生。在对重点知识进行内化的过程中，教师要多创设与当前学习重点内容有紧密联系的真实情景，利用项目任务展开训练，比如：主题演讲辩论赛、模拟法庭、角色扮演、问卷调查结果反馈、社会采访与调查视频、随手拍、微视频等；在对前沿理论与热点实践问题进行探讨时，以学生关心的访谈、明星或案例为切入点，运用新闻播报、问题评论、小组辩论等方式进行引导教学。

（3）实践活动

实践活动是指利用互联网开展校外实践和课堂实践活动。开展校外实践活动的方式有：组织思政社团或部分骨干学生参观实践教学基地，还可以组织学生自愿参加志愿活动和参与社会调研等。让参观实践教学基地的学生将基地基本情况介绍、基地实景、解说、采访、感受等全过程制作成一部微电影，并将其上传到网站上，供其他没有参与到活动中的学生观看，从而让参观实践教学基地活动全员化。参加志愿服务的方式可以是学生到现场真实地参与活动，也可以开展网上服务。不管是哪一种形式，学生都可以在网络平台上将自己参加志愿活动的全过程展现出来。参加社会调研的方式可以选择诸如"问卷星"等专业的网上问卷调查平台。展开课堂实践活动可以利用互联网，让学生在课下观看在线优秀影视资源、纪录片、专题片，还可以组织学生参观网络纪念馆，在课堂上展开讨论与发言。教师事先在网上布置好课堂实践项目的任务，让学生把自己完成的任务在网上进行展示，然后让学生选择优秀作品，在班上进行展示和点评。

第二章 互联网时代高校思政课现状

目前，网络正在向社会各个领域快速延伸发展，高校校园也已成为我国互联网用户最密集的区域之一，网络对大学生的影响是极其复杂的，既有积极的、正面的影响，也有不可忽视的消极影响；既给大学生思想政治教育带来新机遇，同时也给传统的思想政治教育方法及内容提出了严峻的新挑战。因此，我们要全面地分析互联网环境对大学生思想政治教育的影响，从互联网中创新大学生思想政治教育教学形式，发现新的教育机会，并迎接新的挑战。

第一节 互联网时代大学生心理状况分析

大学生是中国互联网最大的网民群体，网络日益成为他们学习、交流、生活的重要组成部分，互联网环境从学习活动、社会交往和文化生活等各个方面对大学生的行为模式、价值取向、政治态度、心理发展、道德观念产生了潜移默化的影响。

一、互联网时代高校思政课背景

在新媒体环境下，大学生已经成为互联网使用的主力军，而校园网络媒介也已经是当今时代大学生们学习的一种重要工具，是大学生学习中和生活中必不可少的。

为此，中共中央、国务院《关于进一步加强和改进大学生思想政治教育的意见》提出，高等学校要"主动占领网络思想政治教育新阵地；要全面加强校园网的建设，使网络成为弘扬主旋律、开展思想政治教育的重要手段；要利用校园网为大学生学习、生活提供服务，对大学生进行教育和引导，不断拓展大学生思想政治教育的渠道和空间；要建设好融思想性、知识性、趣味性、服务性于一体的主题教育网站和网页，积极开展生动活泼的网络思想政治教育活动，形成网上网下思想政治教育的合力；要密切关注网上动态，了解大学生思想状况，加强同大学生的沟通与交流，及时回答和解决大学生提出的问题；要运用技术、行政和法律手段，加强校园网的管理，严防各种有害信息在网上传播；加强网络思想政治教育队伍建设，形成网络思想政治教育工作体系，牢牢把握网络思想政治教育主动权。"[①]

因此，深入研究和把握信息网络条件下大学生思想政治教育的现状，主动分析形成这一现状的原因，是当前加强和改进大学生思想政治教育的一个重要方面。

二、互联网时代高校学生思想状况

互联网背景下大学生的思想状况、思维方式以及行为举止等均深深地烙上了时代的印记。一方面，互联网作为大学生社会交往、学习、生活的主要方式已是不容争辩的事实。由此带来的积极的、消极的各种因素也在时刻影响着大学生的思想状况及行为举止；另一方面，在新媒体环境下，信息传播迅速，大学生接收信息的途径多种多样，而缺乏足够辨别是非能力、不能正确树立价值观的大学生极易受到当今社会上各类信息的影响，从而左右个人的思想和行为。[②]

（一）追求自由个性

现在的大学生以"00 后"为主，他们这一代是个性最为张扬的一代，也是自由意识最为突出的一代，而互联网拥有海量信息，大学生可以不受时空限制，根据自我喜好自由选择想要的信息。

一方面，大学生不仅是信息的接收者，而且是信息的输出者，在互联网的虚拟平台上，他们自由参与信息的传播，收获了在现实世界中无法获得的言论自由表达机会，得到了在现实世界中所无法获得的所谓的"理解"与"信任"，这使他们十分依赖互联网，特别是随着网络聊天及移动互联网通讯的普及，互联网或显性或隐性地影响着大学生自由个性的形成与发展已是一个显著的事实。另一方

---

① 杨晓阳.新媒体背景下高校思想政治教育创新研究 [M].延吉：延边大学出版社，2017.
② 段艳兰.信息全球化背景下的高校思想政治教育 [M].长春：吉林大学出版社，2016.

面，由于对互联网的依赖逐渐转变为信任，这反而更加刺激了大学生对自由、个性的认可与追求，最终造成了大学生追求自由个性的思想状况。这也是互联网对大学生思想方面最为明显的影响。

（二）重视虚拟沟通

从概念上理解，互联网跨越时空界限，已成为一个自成体系的虚拟媒体空间，因此，广大受众的生活中便存在着现实与虚拟这两种生存空间。QQ、微博、微信等媒介为当前大学生的人际交往带来了更为便利、轻松的手段和途径。在互联网的虚拟媒体空间中，多方的交流往往是匿名的，因此便有效减少了其他社会或个体的干扰，对个人言论自由及隐私的保护起到了一定作用，在一定程度上打消了人们的思想顾虑，从而也有利于更好地传递思想、交流情感。因此，网络成为大学生表达所思所想和倾诉自我心声的理想平台，他们渴望通过即时的交流来充分表达自己的意愿和想法，获得他人的认可和尊重，同时希望与思想政治教育工作者尤其是辅导员教师和学校管理层平等对话，解决自身面临的实际问题。因此，重视虚拟沟通已经是互联网时代的一个特征。

（三）价值观念趋于多元化

互联网诞生后，校园信息化在一定程度上处于一种时间、空间无屏障的状态，信息的发布和运用较之以往更加自由，存在较大的不确定性和不可控性，一些腐朽落后乃至违背社会公德的信息大肆传播。由于大学生的价值观体系尚未完全成熟，缺乏理性判断能力，因此，一旦有来自外界消极信息的干扰乃至渗透，一部分大学生便容易出现主流价值观混乱、价值观主体自由化、理想信念倒退等问题，从而使得高校思想政治教育的效果大打折扣。

大学生正处于刚刚成年，马上要进入社会的年龄段，他们的人生观、价值观还未正式形成，容易受到各种迷惑信息的不良导向，而互联网的发展更是加剧了这种不良导向的产生。网络信息源的多元化使得教师、家长和传统主导媒介的话语权威性大大降低，这也会导致大学生价值观塑造的多元化发展。因此，在网络环境下大学生的价值观更为复杂。

三、互联网时代高校思政教育存在的问题和原因分析

（一）存在的问题

1. 高校思想政治资源错配

高校思想政治教育资源是一个总称，主要包括高校思想政治教育工作者在实际工作中所能开发和利用的物质层面、信息层面、制度层面三个方面的内容。当前，我国高校思想政治教育工作中存在着资源配置不合理的问题。高校思想政治资源的配置，实质上就是对思想政治资源所涉及到的人力、物力、财力等资源进行规划、组织、控制和协调，其最终目的是使高校思想政治教育系统能够有效地运作，使资源达到最优配置，从而达到提升大学生思想政治素养、文化素养、道德素质的目的。高校思政资源配置不当，不仅会使思想政治教育的效能下降，而且还会使其难以达到预期的目标，有悖于其本意。高校思想政治教育资源的错位，既有宏观的错位，也有微观的错位。

从宏观角度来看，互联网环境下高校思想政治教育提供的知识存在着滞后和陈旧的现象，不能满足大学生多元化的需要。这会导致大学生所掌握的知识与社会现实之间出现了严重的脱节，从而导致人力资源不能直接为社会生产提供服务，不能将其转化为直接生产力，造成了教育资源的巨大浪费。从微观的角度来看，高校思政工作的内部资源分配不平衡主要体现在高校思想政治教育团队内部思想政治教育人员与非思想政治教育人员的"脱节"；高校思想政治教育部门开展的思想政治教育与专业教育各自独立开展，教学内容重复；思想政治教育资源浪费严重；思想政治教育常被忽略等方面。

2. 思政教育话语主导权式微

在互联网兴起后，如何把握好网络文化的主动权，既关系到青年的成长，也关系到社会的安定。在传统的思想政治教育中，教育者自然而然地拥有了自己的话语权，从而能够达到预定的思想政治教育目的。而在新的网络环境中，大学生获得信息的途径得到了很大的拓展，各种各样的思想、文化和价值观跨越了种族、地域和时间的限制，呈现在了他们的眼前。因此，在这种爆炸性的信息浪潮中，怎样才能获得自己的话语权，成为思想政治工作者工作中的一个重

要方面。然而，严峻的现实却证明，高校思想政治工作的"话语权"正逐渐丧失。我们要从客观和主观两大方面来探究这一现象产生的原因，首先，客观上是由于新媒体的多样性、开放性和复杂性，使教育者所拥有的话语主导权被解构，从而使大学思政教育的话语权逐渐丧失。其次，在主观方面，高校思想政治教育工作者的主动性不足，他们不能主动地接触网络、利用网络，并积极地发出声音，他们的声音也不够多，这就造成了他们的声音被海量、多元的信息淹没。除此之外，一些高校思想政治工作者不能持续地学习，依旧在新的话语体系中坚守着传统的话语体系，不能及时地更新、创造新的自己的话语体系，掌握具有新的意识形态教育内涵的网络话语，自然而然的这种保守的话语体系就被屏蔽了。以上这些情况都造成了大学生思想政治工作的"主导权"和"权威性"逐步丧失的局面，使教育者对大学生的思想政治工作处在一个相对被动的位置。

3. 高校思政教育脱离学生

从经济理论上分析，要想实现有效的供给，首先必须满足有效的需求。大学思想政治教育在实质上是提供"思想政治教育"这一产品，如果不能满足有效需求，也就是不能满足学生的某种需要，那么它就是不起作用的。马克思主义的实质是要根据实际情况，采取实事求是的态度。在高校开展思想政治工作的过程中，最现实的问题是如何认识和把握学生的真实思想状态。但是，在实践中，由于对新形势和新情况的适应性不够，高校思政教育与大学生的关系不紧密。高校思想政治工作要立足于当前高校学生的个性特征，即关注自身的全面发展，关注功利性倾向，调节情绪，个性差异等；重视和引导大学生的心理需要，对其进行有效的引导；根据学生的实际情况，提高教学的针对性；扩大就业和创业培训的内容，加强就业和创业指导；加强对大学生的心理引导，增强大学生思想政治工作的感染力。

大学思想政治教育与学生脱节的另一种现象，就是课堂教学内容陈旧、教学形式传统、教学过程枯燥乏味，学生不感兴趣，教师也不感兴趣。归根结底，造成这一现象的根本原因是学校的教师对学生的喜好和需求没有充分了解，还在一味地按照"填鸭式"的方式来进行教学。这一问题在大学的课堂上十分常见，不但造成了大学生思想政治工作的失败，还会使他们对马克思主义，对共产主义，对中国特色社会主义持怀疑态度。这对中国社会主义的发展，对中国梦的实现都是极为不利的。

（二）形成原因

1. 新媒体环境的影响

新媒体环境给高校学生的思想政治教育带来了巨大的冲击。新媒体环境下，高校思想政治工作面临着新的挑战。现代社会中，随着新媒体的不断涌现，人们的物质生活和精神生活都发生了巨大的改变。特殊的交流方式、各式各样的内容都使得人们的思想、学习和生活中充满了新媒体留下的痕迹。新媒体以其特有的交流形式、丰富的内容，深刻地影响着人们的思想、学习、生活。大学生思想活跃、思维敏捷，对新事物的接受能力强。由于新媒体具有丰富的信息资源它方便人们沟通，且成为大学生获得和交流信息的一个主要途径，得到大学生的普遍喜爱，同样也使大学生成为最早使用新媒体的一批人。高校思想政治教育工作者应该对网络新媒体所产生的影响给予足够的重视，积极主动地利用新媒体来为自己的思想政治教育工作提供更多的帮助，让自己能够在工作中获得更多的新方法，拓展自己对学生进行教育的新空间，从而改革现代教育的载体形式、确立教育主体的优势地位、更新新媒体时代的思想政治教育的内容。

2. 新媒体技术的冲击

新媒体作为一种新兴的传播媒介，正在经历着一个从起步到日趋成熟的阶段。而新媒体技术的快速发展则改变了人们的生活方式，改变了人们的思维方式，改变了人们获取信息的渠道，从而在一定程度上促成了互联网时代的思想政治教育的现状。

换句话说，新媒体技术对大学生思想政治教育带来了强烈的冲击。教育的进步、文化的传播都离不开媒体，同时媒体也在不断创新、改变、影响思想政治教育的现状。而媒体技术本身也构成了一种新的教育内容、教育形式。新媒体技术的出现，一方面，在快速地改变着人类的认知结构；另一方面，又在形成一种全新的文化形式。在现实生活中，新媒体提高了人们的话语权，提高了生产效率，扩大了传播力，增强了公开性，发展了创造性。教育的内容和形式以及信息的传递方式前所未有的丰富，前所未有的多样化，前所未有的及时，前所未有的生动；

新媒体的出现，更是前所未有地引起了公众和社会的高度重视。

这样导致的结果便是新媒体技术冲击着原有的教育载体，使当今大学生思想政治教育载体严重滞后，不适应于互联网时代教育载体的需求。因此，新媒体技术的冲击在一定程度上影响了现代思想政治教育的现状。

第二节　互联网环境下高校思政课教学面临的挑战

在互联网飞速发展的崭新时代，高校学生思想政治教育面临的机遇与挑战并重，网络为高校思想政治工作提供了崭新的发展机会，但也对高校思想政治工作提出了新的要求。网络环境是大学生思想政治工作的一个重要的方面，它对大学生思想政治工作的影响是巨大的。

大学生思想政治教育工作是一项高度复杂的系统性工作，其中的任何一个环节如果发生大的改变，都必然会引发整个系统的协调性问题。在我们享受互联网的方便快捷的同时，它也引发了诸多社会问题。高校要正确把握和积极面对网络环境给大学生思想政治教育所带来的挑战，推动互联网环境下高校学生思想政治教育机制的良性运行，实现思想政治教育的目标。

一、互联网给教育主体带来的挑战

（一）大学生对互联网认识不深

互联网技术的迅猛发展使得信息的传播速度更快、受众面更广，人们可以更加便捷地从互联网中获取信息、与他人进行信息交流、实现信息共享。在互联网环境下高校学生从互联网中获取更多的信息资源，但是部分思想政治教育工作者在课堂教学和日常工作中使用的教育教学资料陈旧，学生已经掌握了这些教育资料，甚至有的学生掌握的资料远远超过思想政治教育工作者；有的学生在日常的生活和学习中使用一些思想政治教育工作者所不了解的网络词汇来表达自己的观点。这就导致高校思想政治教育机制的主体逐渐丧失在信息资源上的优势。同时，高校学生根据自身需要从互联网上获取与思想政治教育相关的信息，并结合自己的独立思考作出筛选，从而不再被动地接受高校思想教育工作者传达的信息，这也使得高校思想政治教育机制的主体权威受到挑战。

还有一些高校思想政治教育工作者没有适应互联网环境，没有树立互联网思维，不能积极融入思想政治教育的新环境。他们在日常工作中不能根据时代的变化和高校学生的实际需要有效调整教育教学内容、创新教育方法，而是仍然固守传统的、落后的教育教学模式。

还有部分高校思想政治教育工作者使用互联网技术手段的能力以及信息素养还有待于进一步提高，他们对待互联网技术发展的态度消极被动，只是片面地看到了互联网技术的弊端，而没有正确的认识互联网技术在高校学生思想政治教育机制中的重要作用。这也使得高校学生思想政治教育的主体学习和运用互联网技术的能力难以发展。

（二）大学生人格障碍

互联网是一个让人自由交流的平台，同时也是一个遮蔽物，遮蔽了人的本来面目。网络社区中的人际交流，指的是人们在虚拟环境下，带着虚拟身份面具展开的交往活动，这种交往方式缺少了在真实生活中人际交流的真实感和确定性，使得人与人之间的关系建立在一种极为脆弱的基础上。因为网络人际交往的匿名特征，有些大学生认为在网上不需要对自己的行为负责，所以他们往往在言语上很随意，很容易形成攻击性人格。也有一些大学生在进行网络社交活动的时候，往往会扮演一个与自己真实身份和性格特征有很大差别、甚至是完全相反的虚拟角色，他们同时拥有多个网名，这些网名分别代表着不同的身份、有着不同的性格特点。因此，他们经常会面对线上线下完全不同的形象、多种不同的角色以及角色冲突等问题。当多个角色间的矛盾达到一个临界点或者角色切换频率过高时，就会产生一系列的心理危机，进而引发精神疾病。

（三）大学生自我认知失调

"自知"即人对自身的认识与认知，既有自身的观照，又有自身的评价。自我认识和自我评价是完全不同的两个概念。"内观"是对自己的知觉、想法和意图的认识；自我评价是个体对自己的思想、期望、行为和个性等方面的一种判断和评价，是个体进行自我调整的一个重要前提。

一个人若不能对自己有一个正确的认识，不能看到自己的长处，而感到自己的一切都比别人差，那么他就会自卑，失去自信，在任何事情上都会退缩。反之，对自己的评价过高，就会变得狂妄自大、盲目乐观，从而犯下错误。所以，对自己准确理解并进行客观地评价，是大学生自我调整、个性发展的一个重要先决条件。

大学生的认知和习惯的培养不仅是练习和强化的结果，也是于他原有的认知结构和当前所处的环境决定的。网络环境下，大学生的"自我陶冶"能力显著增强，这使其对外界事物的认识更加感性和随意。他们效仿网络的思维方式进行思考和处事。这使大学生在现实和虚拟之间产生了严重的断层，并且深陷网络中不能自拔。不同的学生有不同的认知基础、不同的价值目标、不同的个性行为规范，在网络盛行的今天，教育者应该有针对性地对其进行有效的正确引导，否则会受到大学生的抵制，影响教育效果。

（四）大学生自我封闭

在信息高速公路上驰骋，在信息空间里感受信息流的冲撞；在网上遨游，在虚拟世界里扮演一员，是一件很有趣的事情，特别是对于那些容易接受新事物，并且拥有极强的探索欲望和求知欲的大学生来说，网络更具有无穷的魅力。这种魅力经常会导致他们对网络产生一种极端的迷恋，并最终发展成一种病态的网瘾。他们舍不得离开电脑，对他们来说，网络就是最重要的东西。心理学家指出，年轻人可以通过互联网获取新的信息，但若太过沉溺于互联网，和外面世界的联系就会变少，长此以往，很容易出现网瘾发作的危险。这种精神障碍和抽烟、酗酒，甚至是毒品成瘾的行为有着惊人的相似性：一旦接触到网络，就会变得异常亢奋，一旦接触不到网络，就会变得"网瘾难耐"。患者经常会毫无原因地在网络上浪费很多的时间和精力，从而对自己的身体健康造成伤害，并且还会在生活中产生各种行为失常、心理障碍、人格障碍、交感神经功能部分失调等问题。随着网络技术的普及与发展，我们应当对此给予足够的关注。

（五）大学生的价值选择受影响

在身心成熟阶段，大学生可以自由地参加非中心性的沟通，在信息交流中，他们既是说话的主体，又是说话的主体。互联网的迅速发展，从根本上改变了信息的传播方式和传播结构，以"去中心化"为特征。无法回避的现实问题是，出于商业利益考虑的网络媒体为了追求"眼球经济",暴露出"经济人"的逐利本性,严重败坏职业形象、背弃社会责任、突破道德底线。作为年轻人,青年大学生总是喜欢新鲜事物、追求时尚和刺激,但是他们分辨是非真假和评判善恶美丑的能力还不强,因而容易将人为制造的误导视为标准和乐趣而盲目追随,这就给高校思想教育工作提出了考验。

（六）教师的媒体素养不高

互联网是大学校园的信息化平台,大学生思想政治教育工作者不仅应对其熟练掌握,还需懂得如何创新运用。互联网环境下的大学生对新生事物往往有着强烈的好奇心和天然的认同感,这使他们成为互联网首批使用者及推广者,而思想政治教育工作者则相对处于信息天平的另一端,在过去较封闭的条件下,他们活动的范围有限,视野、思维难免局限于比较狭隘的时空。就当前的情况而言,他们对新鲜事物的敏锐性不够,缺乏互联网技术意识,网络技术水平不足,观念更新略滞后于学生发展的需要,甚至部分教师对网络等的熟悉程度还不如学生。也就是说,大学里面急需拥有一支较高素质的、较强网络业务能力的、熟悉学生特点的网络专业教育者队伍。网络环境对思想政治教育工作者的媒介素养提出了新的要求,而网络素养的提升将成为高校思想政治教育工作者能力提升的一个重要方面。

（七）教师主导性话语权被削弱

互联网的"平民化"和"草根性"特征决定了用户的"反权威性"心态。这既是由于每个人都能利用网络手段轻易地获得相关的信息,也是由于年轻的大学生更倾向于相信自己的独立判断,他们的思想活动和思维方式不再受传统的束缚,他们经常会借助网络来表达自己的思想和看法。

与此同时,在网络环境中,大学生以一种娱乐性、碎片性的阅读形式,对各类错综复杂、深奥的社会问题进行了解读,这使得传统教育中所强调的思维深度、逻辑条理、内容全面等特点被边缘化了。学生的学习习惯由"问老师"变成了"搜百度";由对老师所宣扬的"主流价值"深信不疑,到对老师所宣扬的"主流价值"将信将疑,乃至出现信念危机。

在此背景下,高校思想政治教育所依赖的非对称信息渠道所取得的相对优势,如专业知识、社会经验、实践经验等,正逐步被弱化。

二、互联网给媒介要素带来的挑战

（一）对思政教育内容和方式的挑战

网络对大学生思想政治教育机制中媒体要素的挑战，主要体现在对大学生思想政治教育的方式和内容两个方面。在传统媒体时代，对高校学生进行思想政治教育的方式主要有：思想政治理论课教学、主题班会教学、私下谈话以及第二课堂等，这些方式比较单一，缺乏新鲜感，难以引起高校学生的兴趣和关注，因此，高校学生思想政治教育的成效并不显著。在互联网环境下，大学生的精神状态非常好，他们充满了活力且思维非常活跃，们非常愿意接受新的东西，他们可以灵活地运用互联网技术手段来获取信息，并在网上进行学习和交流。因此教育者可以将互联网技术手段所具有的优势在大学生的思想政治教育中充分地发挥出来。

网络环境不仅对大学生的思想政治教育方式提出了挑战，而且对其内容也提出了挑战。传统的思想政治教育，以思想政治理论课教材为主要内容，开展马克思主义理论教育、意识形态教育以及道德和法律基础知识教育等。但是，在互联网环境下，高校思想政治教育除了要对传统的思想政治教育内容进行教学之外，还应该重视互联网环境对大学生的思想和行为所造成的影响，对大学生进行教育和引导，使其树立起正确的网络法治观和网络道德观。无论是在现实社会还是在网络社会，大学生都要遵守有关的道德和法律，学会利用互联网思维来解决自己在学习和生活中所面临的问题。这也为高校学生的思想政治教育机制增加了新的内容，并提出了新的时代命题。

（二）不良的传媒带来了消极的影响

市场化过程中出现的一些不良趋势削弱了高校思想政治教育的作用，网络对高校思想政治教育的影响越来越大。在推动市场经济的过程中，一些媒体或个人出于自身利益、吸引更多观众的目的，采取"迎合观众"的营销策略。难以全方位有效监管的互联网上充斥着庸俗、猎奇和虚假的内容信息，这些都严重影响了大学生受众的身心健康，削弱了大学生思想政治教育的影响力。

（三）现阶段高校思政教育滞后

互联网信息技术的迅猛发展，模糊了真实社会与虚拟社会的界限，过于直接的认知方式从根本上改变了人们的认知体系，大学生的独立性认知在不知不觉中被剥夺，他们被动地接受了"虚拟时空"形式的存在，并渐渐失去理性和自我。然而，面对互联网的这种挑战，现有大学生思想政治教育的发展速度却远远跟不上互联网技术发展的步伐，由于相关理论实践研究缺乏前瞻性，大学生思想政治教育的教育环境、教育制度、教育理念、教育形式等已严重滞后，从而导致当代高校现有的思想政治教育形式面临严峻的挑战。

（四）外来思想造成新的冲击

外来文化也对大学生的思想政治教育产生了强烈的冲击。互联网全球化具有模糊地域、民族、语言、国籍的界限而更易为受众接受的特点。为此，我们要积极、行之有效地对中国传统文化进行保护，保障国家文化安全，并根据信息时代的特征，做好大学生的思想政治教育工作，尤其要重视对"网上一代"的培养。

三、互联网给环境要素带来的挑战

（一）互联网的网络环境带来负面影响

网络给大学生的思想政治教育工作带来了新的机遇，同时也给大学生的思想政治教育工作带来了新的挑战。改革开放至今，我国在社会各个领域都取得了令人惊叹的成绩，人民群众的生活水平在不断提高，人民群众利益诉求的范围在不断扩大，层次在不断提升，人们的价值观也变得越来越多元化。这种现实环境中发生的变化，也会对大学生的思想和行为产生不同程度的影响，给大学生的思想政治教育机制的优化提出了新的时代要求。

当前，我国高校思想政治教育工作面临着严峻的挑战。

大学生可以灵活地利用网络技术，开展网络信息交流、网络消费、网络学习等活动，并在不知不觉中接受了网络社会环境对他们的影响。在网络社会环境中存在着一些不健康的、虚假的网络信息，以及网络诈骗、网络个人信息泄露和网络犯罪等问题，这些问题每时每刻都在发生，对网络社会的生态环境造成了很大的负面影响，同时也对大学生造成了不同程度的消极影响，这给大学生的思想政治教育工作提出了更大的挑战。

（二）互联网的网络传播带来负面影响

对高校学生进行思想政治教育，主要是对他们的世界观、人生观、价值观以及政治、道德和法制意识进行教育。

互联网环境下，校园信息传播失去了时间、空间的屏障，信息使用和发布的自由化程度加深，这便给了诸多腐朽落后的非主流思想文化可乘之机，给当前大学生思想政治教育带来了许多严峻的新挑战。互联网信息传播的负面影响，不仅提升了思想政治教育引导工作的难度，同时也抵消了传统思想政治教育的部分效果，从而给高校思想政治教育工作者鸣响了警笛。

（三）互联网的海量信息造成选择干扰

在大学生思想政治教育教学过程中，对大学生正确价值选择产生干扰的因素之一，就是过度增加的信息量和信息污染。互联网的出现使得人们能够短时间内接收到大量的信息，这些信息在扩大观众视野的同时，也增加了观众对信息的筛选和甄别的难度。信息控制和过滤技术的相对滞后，使得信息量过度溢出。正常的信息流中也会掺杂许多诸如暴力、色情等内容，这些信息污染一方面会扩大人们对大量信息出现产生的纷繁杂乱之感；另一方面也不利于人们对正确信息的有效获取。特别是对于思想觉悟和识别能力、抵抗能力都比较低的大学生而言，这种信息污染产生的后果更加严重，这对高校的思想政治教育构成了不可忽视的挑战。

互联网的传播方式具有虚拟的特点，互联网的用户具有较强的隐匿性，从而导致了人们在现实生活世界与网络虚拟世界完全不同的精神体验。很多人在现实中不想说的话，做不了的事情，都可以在虚拟世界中得到宣泄。在这个犹如大染缸般的虚拟世界中，汇聚了海量信息，在网络群体非理性和需求刺激、冒险猎奇心理的影响下，人们更容易脱离社会道德约束，突破社会伦理底线。年轻人正处于从心理不成熟到趋于成熟，人格不成熟到逐渐成熟的重要阶段，他们的世界观、人生观、价值观更容易受到一些煽动性信息的影响和绑架，网上世界监督难度很大，互联网的"超现实性"使得思想政治教育对他们的道德约束作用大大减弱，年轻人很容易成为一些不健康信息的传播者，这就给思想政治教育工作带来了很大的阻力。

综上所述，互联网已经成为思想文化信息的集散地及社会舆论的放大器。互联网对大学生思想政治教育的影响是一把"双刃剑"：一方面在丰富资源、增强自主性、提高效率和增强效果方面，创造良好的机遇给大学生思想政治教育教学工作；另一方面也给大学生思想政治教育教学工作提出了新的挑战，比如在控制力、辨别力、引导力和主导力这些方面上。因此，要想达到提高当前高校学生思想政治教育的整体水平，增强大学生思想政治教育实效性的目的，就必须从互联网环境对高校学生思想政治教育产生的影响出发，进行全面系统的分析，积极探索高校学生思想政治教育的对策创新，助力高校思想政治教育教学目标实现。

第三节　互联网环境下高校思政课教学面临的机遇

互联网的发展既对社会的发展带来了深刻的影响，又对人们的日常生活产生了广泛的影响，同时，也给高校学生的思想政治教育机制带来新的机遇。这些机遇主要表现在思想政治教育的时空维度、内容维度、效果维度三个方面。思想政治教育的方式与载体从互联网蕴藏的巨大能量中获得了提升和创新，同时互联网还给高校思想政治教育的发展提供了前所未有的机遇。在机遇和挑战并存的情况下，高校需要抓住机会，在开展学生思想政治教育的时候，拓展空间，充实内容，增强教学效果，推动高校思想政治教育在互联网时代的发展和繁荣，开辟高校思想政治教育工作的新局面。

一、时空维度的机遇

（一）打破思政教育的时间限制

互联网技术的广泛应用，不断突破了时间和空间的局限，从而使人们沟通变得更为方便。在互联网环境下，高校学生的思想政治教育不再仅限于课堂教学时间，许多高校的思想政治教育者或学生辅导员在课余时间、假期时间以及其他空闲时间利用微信、微博、QQ 等信息交流工具和平台发布或转载与思想政治教育相关的内容。要想更具有针对性地对高校学生进行思想政治教育，就需要教师们利用好互联网，通过网络与学生交流沟通，准确了解和把握学生的生活、学习和思想状况，鼓励支持学生从互联网中随时学习与思想政治教育相关的内容。就思想政治教育的时间维度来说，互联网环境为高校学生思想政治教育机制提供了实现"全天候教育"的机会。

（二）打破思政教育的空间限制

网络的出现，无论是在空间上，还是时间上，都极大地拓展了教育的空间和范围，这就为我们在网络社会中传播真理、弘扬马列主义、毛泽东思想、邓小平理论、"三个代表"重要思想、科学发展观、习近平中国特色社会主义思想提供了空前的有利条件，同时也为我们在网络社会中传播党的各项方针政策提供了有利的条件。例如，人们不再像以前那样，只能在特定的时间、特定的地点"聆听"授课，而可以在任何一个有终端的地点，随时随地获得自己想要的知识，从而快速地了解国际、国内的政治、经济、科技、教育、军事、社会生活等各方面的情况。

交互式远程教育也是思想政治教育广泛传播的途径之一。

校园的"围墙"将会逐渐被拆除，交互式远程教育使得受教育者打破了时间和地域上的限制，不同地方的学生既可以在网上分享他们的思想政治教学资源，也可以在网上向教师提问，并与同学们进行交流和讨论。与此同时，网络还把家庭教育和学校教育结合在了一起，家长可以使用网络来随时对孩子的学习情况、学习生活、思想表现进行查看，学校也可以随时跟家长们保持联系，实现了家、校两方的紧密合作，一起做好学生们的思想政治工作。交互式远程教育使原本相对狭窄的教育空间转变为面向全社会的开放性和立体性的教育空间，扩大了思想政治教育的覆盖范围。

互联网的兴起与发展，将大学生们带到了一个更加宽广的空间，大学生们可以从互联网上了解到社会及世界上的各种社会形象、思想观点、文化思潮、学术流派，从而极大地提升思想政治教育的社会化水平。互联网打破了校园和社会的"围墙"，让大学生们走出了"象牙塔"。只有正确利用互联网在教育上的优势对学生进行思想指导，高校思想政治教育才能取得更大的成效。所以，在互联网上开展思想政治教育工作，具有广阔的发展前景。

（三）促进思政教育的互动

网络是虚拟的，在网络上和对象交往的过程和角色也都是虚拟的，这样就像现实社会中一样存在心理负担和压力。这种虚拟性有利于双方交往者保持相对平等的心态，维持没有直接利害冲突的社会关系，更好地建立起一种和谐友好的人际关系。因此，在思想感情的传达上，交往者可以直抒胸臆，达到思想上的共鸣，并触及较深层次的交流。同时，网络上的角色也是可以变换的，在浏览网页、选择和吸收各种思想政治教育信息的过程中，参与者是以受教育者的身份存在的，而在参与网络上的各种信息的制作、发布等网络实践活动中，当交流者将自己的思想、观点、看法和信息传播出去的时候，参与者就又变成了教育者。因此，依托以网络为主的互联网在实施思想政治教育时，教育者与受教育者双方都能较好地发挥其主体性。这样便十分有利于教育的互动。

（四）促进思政教育的现代化

网络的快速发展，让思想政治教育的内容、形式、方法、手段等多个方面产生了新的变化。

互联网教育要求思想政治教育既要坚持在网上宣传主旋律，又要研究宣传形式的多样化问题，以适应网上思想政治教育的需要，改进方式方法，努力增强说服力、影响力。网络教育和传统教育方式有着以下几点不同，一是网络改变了传统沟通中一方单向输出一方被动接受的模式，转变成了双向甚至多向的及时交流互动；二是从传统刻板单一的指示、命令、说教，转化为图文并茂、多媒体并用、生动活泼的思想和情感交流；三是从工作周期较长、效果反馈较慢，转变为跨越时空障碍，即时性较强、周期短、见效快。比如一篇有说服力的好文章，在几分钟内就可以得到网民的认可，并很快在网民中传播开来；反之，如果某篇文章中有一些不合时宜的话，立刻就会遭到网民的攻击。随着互联网的广泛应用，思想政治工作的科技含量、文化含量以及管理含量都明显增强，思想政治教育工作者的现代意识也得到了相应的提高。

二、内容维度的机遇

（一）丰富了思政教育的机制

网络环境使大学生的思想政治教育工作在较大的范围、较高的层面上得到了发展。在网络环境下，大学生思想政治教育工作者可以利用网络技术与大学生进行更方便的沟通，从而更好地了解大学生的实际需求，及时地对工作进行调整，使其更有针对性。高校思想政治理论课教师可以利用互联网技术手段，对授课材料进行收集，从而让课堂教学的内容更加丰富，同时还可以利用互联网技术手段，更加生动、直观地展示出与授课内容有关的典型案例，从而提高思想政治理论课的吸引力，激发大学生的学习兴趣。

同时，大学生也可以通过互联网技术手段，获得更多与思想政治教育有关的知识信息、有一定影响力的新观点和新思想，以及著名高校的网络视频公开课等。

互联网环境在更大范围和更高层次上丰富了高校学生思想政治教育机制的内容。在互联网背景下，高校思想政治教育机制还应注意我国现实社会和网络社会的发展变化，做好高校学生的网络舆论宣传与引导工作以及网络意识形态工作等，利用网络技术手段，更加系统、生动地向大学生宣传国家在各个方面所取得的伟大成就，教育和引导大学生认识到自己的历史使命，为实现中国梦而努力。

（二）拓展了思政教育的形式

长期以来，高校开展大学生思想政治教育的基本形式是以课堂教学为主，辅之以座谈、讨论、谈心、社会实践等，这在时空上存在着很大的局限性。在互联网环境下，思想政治教育可以不受以往的那些局限性，通过专门的网络渠道，如网站和网页、视频或信息报道等进行网络教学，这样，教育者就可以方便快捷地向大学生提供思想政治教育信息。为了帮助大学生形成正确的思想意识，教育者可以在网上尽量多地发布正面信息，感染、鼓励大学生，进而达到引导的目的。通过网络教育者还能便捷的与学生交流，及时掌握大学生的思想状况，便于调查和统计。信息的集成性、双向性、可选择性和便捷性是网络所特有的，高校思想政治教育工作与之相结合，就为大学生的思想政治教育提供了一个极具特色的环境；网络信息的及时快捷也为教育提供了更多的形式和方法，从而让传统的教育形式变得更为多样化、合理化、快捷化。因此，互联网技术必将有力地丰富大学生思想政治教育的形式，增强大学生思想政治教育的实效性。

（三）丰富了思政教育的内容

网络媒体作为一种新型的对大学生进行思想政治教育的载体，它不仅拓展了思想政治教育的方式，还丰富了思想政治教育的内容，改变了大学生思想政治教育内容的传统定义。

首先，网络信息量大、覆盖面广，使思想政治教育的内容更丰富多彩，教育者和被教育者都有了更多的选择。通过一根网线、一个电脑终端，就能达到不出门而知天下事的理想效果，教师更能通过形象的、直观的、生动的动态信息调动并激发学生的好奇心和强烈的求知欲，达到更好的信息收集、传达和吸收的效果。其次，网络、移动电话、多媒体技术等对教育工作者也有好处，他们能够按照自身的需要在网络上搜索到大量的资料，然后使用相应的多媒体技术或计算机软件，迅速地对所搜索到的资料进行分析并重新使用，进而有效地进行教学。思想政治教育网站能够提供全新的、更具有针对性的关于大学生思想政治教育方面的信息，对思想政治教育工作者和受教育者均具有十分强烈的吸引力，不论在内容上，还是在形式上，互联网都能使传统的思想政治教育内容更加丰富。

（四）丰富了思政教育的资源

互联网汇聚了人类文明的精华，它包含着大量的信息，网民们可以按照自己的兴趣和需求，有针对性地进行阅读，并能轻松地吸收和传播。利用互联网，学生可以随时获得国内外的各种信息，如政治、经济、科技、教育、军事、文化、娱乐信息等。

互联网的发展，使学生开阔了视野，认识了世界，用更开放的眼光来观察中国与世界的发展，并使学生能够主动地接受新的知识，养成科学的思考方法，不断提升自己的综合素质，进而促进了高校学生的道德品质的养成。可以看出，互联网和其他网络技术的发展，使得思想政治教育的资源变得越来越丰富。

（五）拓展了思政教育的方式

传统的思想教育主要通过读报、听讲座等方式进行，教师要花费大量的时间、精力和人力去搜集资料、撰写讲稿，学生只能在狭小的环境中被"灌输"知识。网络技术的应用及普及，使思想政治教育信息的传播效率得到了极大的提升。网络传播的信息容量大、类型广、速度快、功能多、浏览方便，这些都是传统媒体所不能相比的，因此可以方便地让思想政治教育工作者获得从事思想调查和分析所需要的数据、资料，便于进行整合研究，从而形成教育合力。

多媒体技术使得网络用户能够通过多个感觉器官来共同感受到学习的结果，比单个感觉的效果要好得多。尤其是虚拟现实技术的应用，为网民提供了色彩绚丽的图片、悦耳的音响、活泼的三维动画及其他多媒体仿真画面，让学生有一种身临其境的感觉，它的效果是传统思想教育方法所不能比拟的。所以，高校思想政治教育工作者若能充分运用现代科学技术的成果以及先进的信息技术，就能推动思想政治教育观念的转变、载体的更新、方法的创新，使高校思想政治教育的工作效率得到极大的提高。

三、教育效果维度的机遇

（一）丰富思政教育的教学模式

在网络环境下，高校学生的思想政治教育机制已经发生了变化，它改变了以往只以课堂教学为主，以第二课堂和社会实践为辅的思想政治教育模式。它更加重视对大学生的个性需求的关注，对大学生的独立性和自主性给予充分的尊重，重视利用网络技术为思想政治教育工作者和大学生构建起一个更加民主、自由、平等的交流机制。

利用这样一种沟通机制，高校思想政治教育工作者可以与大学生展开有效的沟通与交流，对大学生的思想变化以及他们的心理健康情况进行了解，从而更好地发现并解决大学生的心理问题，消除大学生群体中的不稳定因素，以提高思想政治工作的实效性，构建和谐文明的校园。

网络技术为大学思想政治教育提供了一种全新的传播载体，它改变了"一口一笔"、枯燥无味的思想政治理论课教学模式。在网络环境下，大学生拥有开阔的视野，活跃的思维，他们愿意接受新的东西，对互联网技术充满了浓厚的兴趣，并且可以将互联网技术灵活地应用到他们之间的交流中，解决他们在学习和生活中所面临的问题。

互联网环境下高校思想政治理论课教师综合运用图片、视频和动漫等高校学生喜闻乐见的方式全方位展现思想政治教育的丰富内容，满足高校学生多方面的需要，切实增强高校思想政治理论课的吸引力和感染力。[1]

---

[1] 魏奥玲. 浅析新媒体环境下高校思想政治教育工作的机遇与挑战 [J]. 当代旅游，2018（7）：221.

（二）提高思政教育的效率

传统的媒体信息传递的速度较慢，思想政治教育的内容不能及时有效地传送给受教育者，导致教育的效率不高。而互联网在信息传播方面十分便捷，使用者可以在任何时间，甚至任何地点内接受、浏览以及查看任何有益的信息，而教育者同样可以以此方式及时地把思想政治教育的内容传送到每一位受教育者的手中。例如，可以把大学生思想政治教育理论课的课件、讲义、案例分析、讨论题等发布到校园网上、班级 QQ 群里，让教师与学生们展开讨论，从而使思想政治教育课程的思想、内容从课堂上延伸到网络内，从课内延伸到课外，调动学生学习思想政治理论的积极性，增强教学效果。此外，大学生思想政治教育的专门网站还能够实现信息内容在组织上的超文本链接功能，在阅读电子化的理论著作的过程中，任何一个概念、一个事件、一个人物、一部著作等都可以通过超文本链接找到与之相对的非常详细的资料，供学生参考，满足学生在学习过程中查阅资料的需要。这不仅极大地提高了大学生思想政治教育理论学习的效率，而且增强了思想政治教育理论学习的全面性、综合性以及现代性。

（三）提高思政教育的实效

互联网使得世界各地的人民可以通过网络应用终端进行"面对面"的沟通，人人都是信息的发送者和接受者。在网络社会中，教育者和被教育者处于平等地位。

与此同时，因为互联网具有匿名性和隐秘性，所以大部分人在互联网上所表达的想法都是最为真实的，尤其是对于那些备受人们关注的社会热点、难点问题，网友们都会在互联网上表达自己的观点、看法，并展开交流和讨论，这些都是网友们的真实想法。通过互联网等网络，教育者可以更好地了解人们的思想情感和所关注的热点问题，通过收集、整理、分析，找出对策，并进行有针对性的解答和引导，使思想政治教育由传统的单向传播扩展到双向交流，极大地提高了教育的传播实际效果。所以，利用互联网等网络平台进行思想政治教育，更具实效性。

（四）提高思政教育的时效

信息高速公路所构建的四通八达的便利快速的网络，使得舆论信息、思想教育信息与其他网络信息相同，在互联网上可以瞬间生成、瞬间传播，它还具备了实时互动、高度共享、多路传输、随时随地获取和传播的特征。互联网上信息的快速扩散，让人们真正感受到了"世界之大无奇不有"，只需轻触一下鼠标，相隔半个地球的讯息，便会透过光导纤维、缆线或卫星即时呈现在眼前。

互联网上的"即时新闻"已经成为一种现实，而且它的更新速度是按小时甚至几分钟来计算的。在互联网上，人们可以随时随地了解全球政治、经济和文化等各个领域发生的重大事件。可以看出，借助网络快速、准确的传播方式，教育者能够及时地传播健康、科学、文明、正确的思想教育信息，从而提高思想政治教育的时效性。这样，一方面，我们能够从互联网等网络环境中及时掌握社会公众的民意信息，掌握社会公众的民意动态；另一方面，还可以利用互联网开设网络思想舆论阵地进行广泛、及时的宣传教育，提高思想政治教育的时效，扩大思想政治教育的影响力。

（五）提升思政教育的吸引力

网络传播是一种具有强烈感染力的信息传播方式，它把文字、图像、图形、声音等信息融合在一起，可以在屏幕上营造出一种轻松愉快的教育氛围，让观众在图文并茂、声情合一的环境中感受到教育信息，实现了"随风潜入夜，润物细无声"的效果，它的影响力比以往任何一种传播方式都要大得多。教育者利用虚拟现实技术，可以在电脑上创建一个"真实"的教学环境，使教学活动更加生动。

三维的影像、虚拟的声响、触摸等虚拟的感受，将被教育者带入一个虚拟的世界，让他们有一种置身于其中的沉浸感，这就是思想政治教育的魅力所在。只要有一台网络计算机，人们就可以随心所欲地去听、去说、去读、去写、去看，这样不仅可以便利地获得海量的资讯，而且还能跟外面的世界自由地交换意见，大大地激发了网友的好奇心和想象力，将他们获得资讯的主体性、自主性和参与性发挥到了极致。所以，在进行思想政治教育的过程中，教育者要充分运用网络的这些特性，使思政教育手段、方法更加多样，更加生动，从而使其具有更强的辐射力、吸引力和感染力。

从网络信息容量大、资源丰富、传播迅速、交互性强、覆盖面广、形式多样等优点来看，网络为提高思想政治教育的内在效果提供了机遇。这一机遇表现在：网络资源的丰富和共享，为大学生思想政治工作提供了充分的条件；互联网的快速特性，使大学生的思想、理论、政策得到了广泛、主动、迅速的传播，从而避免了在传播过程中出现的"衰减"和"扭曲"现象；人们在网络中具有平等的主体地位，这让大学生能够积极地参与到对话中去，从而让教育者和学生可以在任何时候进行互动，教育者和学生之间的互动变得更加广泛、更加深入。网络传播的超媒体性，拓宽了思想政治教育的范围，把思想政治教育课堂扩展到了学生学习和生活的每一个地方，提高了思想政治教育的社会化程度，极大地提升了思想政治教育的实效性。

第三章 互联网时代思政课教学研究

互联网发展使得信息传递的非对称性消失，学生获取信息的方式越来越便捷，他们不再处于被动接受的地位。媒体和文化产业的发展，使得任何一个知识点都可以在互联网中得到很好的诠释和呈现。传统的高校思想政治教学方法已经不能适应当今时代的发展需要，思想政治教育改革势在必行。本章从三个方面来探讨互联网时代思政课的教学，分别是互联网时代思政课教学实效性探讨、互联网时代思政课教学网络化探讨、互联网时代思政课互动教学模式探讨。

第一节 互联网时代思政课教学实效性探讨

一、传统思政课教学中存在的问题

（一）实践教学脱离理论教学

思政课实践教学和理论教学脱离是思想政治课程教育改革中出现的一个问题。众所周知，理论和实际的关系是密不可分的，但是在实际教学中，很多思政教师在理论教学当中的指导有所欠缺。举例来说，如果要做一个新闻播报，那么大众化的做法是让学生组成几个小组来进行这项活动。但是一旦出现学生选择的热点新闻和课程内容完全不符合的情况，那这节实践课程就等于做了无用功。抑或教师在为学生做评价的时候，并没有将课程理论很好地融入进去，如果出现以上现象，实践教学就是失败的。

（二）实践教学过程难以监管

思政课实践教学还存在教学过程中难以做到严格的监督管理的问题。教师带领学生参加实践必须要让每位学生都跟上自己的思路，调动学生的积极性，监督并管理学生，让每位学生都参与到实践教学当中。这就需要教师制定一个合理的方案，严格监管实践教学中的学生。比如，很多教师都知道，在大一新生中开展实践活动时，会出现很多学生对活动不感兴趣，不参加问卷调查或者对问卷调查敷衍、不认真做 PPT 等情况，想要改变这一情况必须要在了解学生的基础上，融入学生感兴趣的实践活动。

（三）实践教学受时空限制

思想政治课的实践教学具体来说涵盖了三种类型。第一类是在校内课堂上教师组织的实践教学。第二类是学校组织的课外实践，这样的课外实践教学主要依靠教师在课堂外组织，例如一些辩论会、演讲等课外活动。第三类是学生在校外参加的实践活动。尤其在高校开展了校企合作后，这样的校外活动有很多。但是因为思政课程的时间受到一些限制，所以在开展上还是有很多需要考虑的因素。

（四）实践教学形式比较单一

开展思政课实践教学的最终目的是提升思政课的整体实践性，然而因为受到很多因素的限制，实践的形式比较单一，有些实践教学课程没能实现这样的目标。观看视频、请专家学者做报告、参观实践基地、利用节假日搞社会调查等是大部分院校的实践教学形式。

这些实践教学内容没有紧紧联系课堂理论教学，有时候会因与学校有关部门组织的社会实践冲突而流于形式，思政教师也难以给予针对性指导。

二、互联网为思政教学带来的变革

（一）互联网时代大学生的主要特点

如今的大学生都是在互联网的影响下长大的一代。很多学生甚至完全离不开手机，上课时间也喜欢玩手机，平时更是手机不离手，无论什么时候都要在网上逛论坛、逛淘宝等，这样的学生重度依赖互联网。具体来说有以下几个特点。

1.非常喜欢查看网络上的各种热点事件，乐此不疲

很多大学生，包括现在很多年轻人，都有这样的习惯：无所事事，只在网络上查看大量的热点信息，搜捕各种各样的新奇事件和热点事件；利用网络疯狂追

星，或者疯狂沉迷一种东西；习惯性跟风，习惯性站队。

2. 喜欢塑造网络虚拟世界中的自我

现在的大学生大都是独生子女，在现实社会中的孤独感比较强烈。他们没有什么自我认同感，因此很喜欢在虚拟世界找自我认同。例如，有很多学生沉浸在网络游戏里，每天都在游戏里花费大量时间来获得认同感和快乐。在游戏中可以说说笑笑，可回到现实生活中却是很内向的性格。

（二）互联网给思政教学带来的机遇

当今大学生的信息获取渠道更多，也善于获取各种信息，但却无法对有效信息进行识别。因此，这个阶段也成为思想政治教育实践既具有挑战性又具有机遇的发展时期。

1. 教学内容更加丰富

随着互联网的发展，思政课实践教学的内容也越来越丰富。比如云课堂APP，在该APP中蕴含着海量的教学资源，可以让教师们省去很多寻找资源的时间。此外，教师还可以利用微信、官方微博等网络平台，将思想政治教育的内容传播出去。丰富的平台以及多样的资源为思政教育工作提供了多样化的手段，同时对思政教育进行了很好的宣传。在互联网的帮助下，国内的在线数字博物馆也在不断地发展，学生们可以自由地进行参观。这样既可以让学生的思想变得更加丰富，也可以为思想政治教师开展思政教育提供良好的资源。

2. 教学平台更加广阔

人们在日常生活中也好，在学习工作中也好，与网络的关系日益密切。特别是处于青春时期的大学生，对新事物有很强的接受能力和好奇心，对他们来说，他们的日常生活离不开网络。他们很乐意在网上与别人交流，也很乐意使用互联网来开展各种社会活动和学习活动。所以，在进行思想政治教育实践的时候，教师就可以通过云端APP来关注学生的动态，同时积极与学生展开互动，从而提高学生的积极性和主动性。

3. 可以突破时空限制

互联网颠覆了传统的思政课实践教学，对传统的思政课程实践教学进行了一次改革，突破了传统的空间局限，思政实践教学借助网络实现了对自我的超越。一方面在线课程给学生带来了非常多的便利，另一方面，这种教学实践模式也更容易让学生接受和喜爱。同时，教师能够将线上教学与线下的教学充分地结合起来，这样不仅不会受到时空的限制，还能使得实践教学的效果得到加强。

4. 可实现动态评价

在互联网时代，思政课实践教学的评价与传统的静态评价是有所区别的。通过互联网，思政教师可以对学生在参与实践教学中的表现进行实时的动态评价，对学生的学习进度及时掌握，并且通过观察，根据细微的变化做出公正的、科学的评价。

（三）互联网给思政教学带来的挑战

互联网时代信息的快速广泛传播是传统媒体无法做到的，但也使思政课实践教学面临挑战。

1. 错误思想冲击思政课教学内容

大学生每天都会受到网络上大量信息的冲击。学生面对不当观点时，需要思政教师进行引导。因为学生本身缺乏判断理论的是非能力，长期受不良信息误导，容易形成不正确的价值观。针对这一常见问题，思政教师要及时对学生进行干预。

2. 网络使师生间距离疏远

在虚拟的网络世界中人和人之间的交流都是通过文字或者音频实现的，缺少面对面的交流让人们在现实生活中产生了一些距离感。一些通过网络可以说出的话或者表达的情感，往往在现实接触时并不能被表现出来。所以，虽然网络交流为师生之间提供了一个便捷的沟通平台，但是这样的虚拟交流，会导致师生之间因为不注重现实的交流而产生感情上的疏离。

三、互联网时代提升教学实效性的对策

作为一名高校思政课教师，必须具备以下各个方面的能力。

（一）借助互联网丰富教学内容和形式

主要的方法包括以下几种。

（1）学会通过网络搭建第二课堂。教师可以在思政云课堂的 APP 上多发布一些对相关时事的报道，也可以对学生对热点话题的讨论进行方向引导，帮助学生在生活中形成正确的分析能力。

（2）充分利用 APP 等互联网辅助教学手段。教师要充分利用云课堂 APP 等手机软件的功能。利用这样的辅助手段更好地设置让学生喜欢的教学内容和教学环节，能保证最大限度地发挥思政课堂的实效性，让学生迅速全面地掌握知识内容，大大增强了教学的效果和效率。在日常教学中教师也可以在 APP 内设置一些有趣的问答，帮助学生巩固所学知识的同时将所学的思想付诸实践。

（3）通过数字网络技术向大家介绍数字博物馆。数字博物馆可以充分激发学生的学习兴趣，提高思政教育教学效果。

（4）通过网络做实时调查。思政课当中有很多需要学生进行社会调查的地方，而网络调查则比以往传统调查更加节约时间和成本，效率也更快。

（5）教师通过微博、今日头条等自媒体平台发布新闻，发起讨论，纠正学生的历史观和价值观；并在讨论中帮助学生学会用马克思主义的思想来分析和观察问题，树立正确价值观。

（二）借助互联网加强教学过程管理

互联网技术使思想政治教育的教学过程更加透明化，教师也可以随时随地通过社交软件和思政云课堂 APP 来观察学生的动态，调整自己的教学方式。借助互联网加强教学管理的优势如下。

（1）运用互联网技术开展思政课互联网云平台实践教学是思政教育的一次前所未有的改革。这样的改革效果显著，很大程度上保证了学生学习的积极性和参与的广泛度。

（2）互联网时代的思政课实践教学让学生可以全身心投入，参与每个环节。

（3）在云课堂中，教师可以利用网络教学平台，对每个学生的学习、生活和思想动态进行全面的了解和掌握。并且可以随时随地与学生进行讨论，纠正学生的思想观念，帮助学生走出观念误区，解决学生生活中遇到的一些思想问题，让思政教育更加具有针对性。

（三）借助互联网丰富考核形式

思政课教师在互联网模式下对作业的考核形式也更加丰富。例如在考核中增加以下方法。

（1）视频作业形式。教师可以根据课程章节，让学生以个人或以小组形式完成视频作业。教师依据每位同学参与的态度、表现、实际效果等给出成绩。

（2）音频作业形式。教师让学生自由选择现代诗歌、古诗词等文学作品进行深情朗读作为音频作业。

（3）活跃指数作评价。教师根据学生在 APP 教学平台上的发言次数及作业完成情况等进行评估，最终作出评价。

（4）动态考核形式。教师可以通过 APP 设置签到模式来监控学生的积极性，并作为成绩考核指数；在每个教学环节中都设置一个签到程序，这样可以在线上对学生的参与次数进行考核；每个环节过后要有总结阶段，这样就能在每个环节对学生的参与情况和参与成果有所了解，再展开与学生的讨论。

互联网的快速发展影响着人们的生活方式和教育方式，思政教育也需要在互联网的发展下作出相应改变，来响应习近平总书记的号召，帮助学生形成正确的分析能力和逻辑思维方式，形成积极向上的心态和处世观念，打造思想政治教育课的时代性、亲和性和实效性。

第二节　互联网时代思政课教学网络化探讨

一、思政课网络化教学产生的背景和意义

（一）互联网对思政教学的影响

如今，"互联网 +"已不是新鲜产物，互联网的发展已渗透到生活的各个方面。"这种颠覆本身带来的是融合，以及新生态的出现和蓬勃兴起，这些都是跨界的土壤。跨界，必须跨越思维观念之'界'，'互联网 +'针对问题痛点、体验空白、价值盲区所实现的跨界融合会带来很多亮点，状态切换是新旧力量的角力，是心智与习惯的转变，需要时间考验，要经受质疑的煎熬。跨界，应该成为一种行为方式。"[①]

互联网时代的到来，给高校思想政治理论课的实践教学带来了机遇和挑战。随着互联网的快速发展，思政课有了更加快捷的科技来进行教育教学活动，但是

---

① 马化腾.连接一切"互联网 +"国家战略行动路线图 [M]. 北京：中信出版社，2015.

便捷的信息接收方式导致大学生的头脑中有很多繁杂的信息，这对思政教育的开展有着一定的负面影响，对教育工作者来说是一种考验。教师一定要深入到学生之中，对他们的思想和心理状况有更多的、更深入的了解，只有这样才可以将理论与实际相结合，激发学生们的学习兴趣，让他们真正地参与到思政课的实践活动中去。

（二）思政课教学改革的必经之路

党的十九大强调在社会发展的各方面融入社会主义核心价值观是社会发展的必然。[①]只有让社会主义核心价值观深入到每个人的心中，才能让每个人都为社会主义建设的共同理想而奋斗。理论变成行动才是最主要的，而这样的转变离不开思想政治教育。思想政治教育不能仅仅停留在理论的灌输层面上，要以理论转化为实践为重心来开展教学课程。教师要学会引导和开展实践活动，不能再一味地进行简单的说教。理论联系实际才能推进高校思想政治教育的发展。思想政治教育只有更加生活化和社会化，才能满足当今时代的需要，更具实效性。高校思想政治教育工作是推进我国社会主义现代化建设的重要组成部分。在思想政治教育的教学过程中，我们必须始终立足于中国特色社会主义的理论体系，使实践教学与中国特色社会主义理论紧密相连，从而推动教学与实践的共同发展，同时促进学生的全面发展。随着近年来我国社会经济的发展，改革进程的逐步深入，全国各地高校也在不断探索适合自身的教学改革方式方法。

（三）思政课网络化教学的意义

社会的发展进程离不开思想政治理论的指导，信息时代的发展也离不开思想政治教育理论的指导，思想政治教育的重要性不言而喻。

以往的实际例子表明，信息时代可以推动思想政治教育的发展。反过来，网络的发展也离不开思想政治理论的引导。所以在信息时代下，思想政治理论课在寻求创新时，可以充分利用信息技术搜罗网络上丰富的教学资源，再通过网络的便利进行多种多样的讲述。并且，通过网络信息技术教育者也可以充分了解当下大学生的思想状况，为思想政治理论课教学的开展提供很好的载体。同时，互联网的丰富多样性还有利于培养学生的信息获取和加工分析能力。

---

① 郑盼盼. 高职思政云课堂理论与实践 [M]. 杭州：浙江工商大学出版社，2019.

二、思想政治理论课网络化实践教学模式

高校思想政治教学改革，需要对以往传统的思政理论课的实践教学模式进行突破和改变，其教学任务不再是教师给学生布置的单调的作业，也不只是让学生以调研等形式来进行社会实践。高校的实践教学模式必须要丰富起来，可以充分利用网络信息平台帮助学生优化资源，进行实践活动教学设计。不仅如此，通过互联网进行的教学还能培养学生的创新性和探索性。

（一）设计思路

思想政治理论课教师在课堂教学中要充分利用好网络平台的多媒体设备。教授学生学习使用思想政治网络实践教学平台，将教学实践学习任务和要求都上传到网络平台中，让学生随时随地全网交流。这样就不用占用太多时间在课堂上布置任务，也能方便快捷地看到学生的任务完成情况。目前来说，思想政治理论课实践网络平台分成三大模块开展，即环节必修、模块选修、积点完成。学生可以根据自己的完成情况选修某一模块，更加智能化和多元化。

（二）教学环节

高校可以将移动互联网技术用于网络化实践教学平台，建立一个专门的思想政治理论课实践教学平台。在这个平台上，学生可以在任何时候、任何地方进行不同的学习环节和内容的选择。网络平台可以帮助教师进行思想政治理论课的实践教学，指导学生完成相应的课程学习任务。

1. 师生互动环节

现在的思想政治理论课网络平台针对以往传统课堂上思想政治教师与学生互动过少的缺点，增强了师生之间的互动和交流，解决了思想政治教育教师与学生之间因班级人数太多、班制太大而不方便交流的问题。师生之间可以随时随地互动，不再拘泥于一般的形式，更加开放。并且讨论的形式也得到了丰富，教师还可以就最近的热点时事和学生比较感兴趣的话题来进行思想政治理论教育，引导学生养成良好的道德素养和政治素养。在课堂上与学生互动更能促进师生之间的交流和探讨，学生的积极性也会更高。

2. 自我教育环节

由于接收信息的便捷度提高，现在的学生对教育内容有更宽广的选择，他们可以自由选择想要接收的信息。而思想政治教育教师则要考虑在这样的信息时代中，如何能够让自己的教育内容吸引学生，让学生感兴趣，并由他们自主去选择，去接受。其中必须要做到的一点就是要充分尊重学生的思想，要清楚认识到学生是具有自由选择权利的个体，只有通过了解他们的想法来调整课程的设置和教学方法，才能让学生喜欢上思想政治课程。而思想政治理论课网络实践教学平台就为教师了解学生提供了有利条件。加强与学生的交流才可以让学生进行自主学习。

3. 实践成果展示环节

高校思想政治理论课网络实践平台可以增加各种各样的社会教育环节。例如，一些高校在社会实践活动中增加了"社会调研""基地参观"等模块，充分地调动了学生的积极性，同时也展示了学生丰富的学习成果。这些环节更加具有针对性，让学生通过实践活动对思想政治教育有了不同理解，也让思想政治教育实践教学的效果更好、更直接，更加能够培养学生的品德素质和职业素质。

（三）成绩认定

思想政治理论课网络化实践教学也让传统的成绩认定不复存在。全过程、全方位、立体化的考核评价特点，教师点评、学生互评和组长复评的立体化交叉考核评价让学生的学习主体意识和民主管理、公平竞争等现代意识得以确立。新颖的考核制度站在更加客观和开放的角度对学生的成绩进行认定。这样让学生感到更加自由，在自由中获得知识，也在自由中培养出自身良好的道德品质。通过学生在网络平台中的每项成绩评定来获得最后的得分的评价标准可以让学生针对自己的弱项主动改进，一方面减轻了教师的工作量，另一方面新颖的形式也增强了学生的学习兴趣。

三、思想政治理论课网络化实践教学效果

网络平台在高校思想政治理论课的实践教学改革中最具有时代意义。如何让思想政治课程具有自身的信息时代特性，如何将信息技术与思想政治教育完全融合并且形成自身的特色，高校思想政治教学互联网平台为社会交出了一份满意的

答卷。思想政治理论课网络化平台将信息技术与思想政治理论课完美融合，开拓了思想政治理论实践课的新模式，既突破了传统思想政治理论课限制实践教学模式的条条框框，也能够在创新的模式中更加发挥思想政治理论的作用。思想政治理论课网络化平台教学让学生可以被新颖的技术形式吸引，又可以被传统的思想政治理论所影响。这样的改革既受到学生的欢迎，也让很多教育工作者的教学开展工作更加多元化，对思想政治教育的发展有着深远影响。

（一）提高实践教学的覆盖率

近几年来，思想政治理论课的实践教学一直处于一个非常重要的地位。然而，有些高校的实践教学资源并不丰富，可供实践的教学基地较少，导致实践教学的覆盖率较低。思政教育的网络平台成为高校解决这一问题的有效途径，建设思想政治理论课网络平台一方面缓解了高校的资源过少问题，另一方面还使得高校自身的教学资源得到了拓宽，使得高校思想政治理论课的实践渠道得到了增加，对以往的教学实践的困境进行了改变。借助网络平台，学校和教师可以及时了解学生的学习状况，对学生的学习进行实时查看和动态监测。学生借助手机可以实现随时随地学习与浏览思政教育相关内容，打破了时空的局限性。这种网络平台教育形式不仅覆盖面更加广阔，还为学生提供了便捷的学习方式，将思想政治教育的时效性提高了。

（二）增强师生之间的互动

开通思想政治理论课网络平台后，师生之间的交流不仅可以在传统的课堂中进行，也能依靠电话等方式随时进行，更重要的是现在可以依靠网络进行实时互动与交流。

首先，交流渠道更多元。从过去的面对面交流，到现在的 QQ、微信等多途径的交流，人们之间的交流渠道越来越多元。各种沟通渠道使我们更容易与他人取得联系。

其次，沟通范围更广阔。在尚未普及互联网的时代，师生之间的交流范围是非常窄的，一般是在学生与任课教师之间进行交流与互动。在互联网时代，通过微博、博客、新闻推送等渠道，我们可以在虚拟世界中与不同的真实世界的人进行沟通与交流，对兴趣爱好进行探讨，还能请教问题、共建合作圈等。在此基础上，学生的教师不再局限于普通的任课教师，还将扩展到校内外的专家、学者、名人等。而且，学生的学习交流合作也不限于同一个班级，来自世界各地的人都可以成为同学。

最后，沟通更快速。互联网的快速发展，带来了更加快捷和方便的沟通。就同学聚会来说，以往的同学会，组织者都要准备很久，而且要花费很大的精力去联系同学。但是在互联网时代，联络人是非常容易的。在尚未普及互联网之前，很多的沟通工作是需要进行面对面的沟通和交流的，这就导致了人力成本和财力成本的上升，随着互联网的快速发展，出现了语音聊天、视频会议等沟通方式，让我们的沟通更加便捷，提高了处理工作的效率。因此，在思政教学中，教师与学生之间的交流沟通也可以随时通过各种社交软件来实现，提升了师生交流的速度与效率，从而实现了思政教学质量的提升。

（三）提升大学生应用互联网的能力

互联网信息技术的发展改变了我们传统的认知方式和生活方式，甚至也改变了现在大学生的交际方式。不过网络上的信息不只有积极向上的，也有大量负面的消息充斥其中。如何让学生抵制低俗信息的诱惑，不被那些充满暴力、低俗或者偏激的信息吸引，不会每天沉迷于网络游戏，都是思想政治教师需要考虑的问题。利用思想政治教育教学实践网络平台，教师与大学生可以针对这些问题进行讨论，让学生认识到正确使用网络的方式方法，远离低俗消息，形成正确的网络使用观念，学会适当的娱乐。思想政治教师的主要职责之一，就是在不断的引导下帮助学生增强自律性，使其通过互联网获得学习体验，使互联网成为一个有利于学生成长的工具。

第三节　互联网时代思政课互动教学模式探讨

一、网络时代思政课的运用基础

当今社会，青年与互联网的黏性非常高。有关调查显示，在普通高校当中，几乎 100% 的学生每天都会花多个小时用于上网。所以互联网的整体环境对学生的影响是很大的，可以说现在每个学生每天都离不开互联网。互联网这把双刃剑在带给人们更自由的言论和思想的同时，也会带来一些不良信息。这就要求思想政治教育工作者必须要培养学生养成正确的世界观。

互联网的便捷性和开放性让其两面性更加明显。如果思想政治教育工作者和大众注意传播正能量，那么就会改变网络上的不良风气。例如，多在网上对一些优秀支教大学生进行宣传，或者宣传一些基层大学生工作者，弘扬正能量，引起大众的兴趣，抵制不良风气。良好的世界观和价值观以及人生观的形成，也会让网络环境得到净化。网友的良好品质会让网络的整体环境充满正能量，这样就会在网络上形成一股正能量的风气。一些年轻的学生也不会再因为网络环境的复杂性而受到不良信息的诱惑，甚至染上恶习。由此可见，思想政治教育在网络发达的今天，成为净化网络环境和培养良好社会风气的主要形式。

二、云平台多维互动教学模式分析

信息技术下的思政课教育教学发展是众多教育工作者一直在思考的问题，如何通过互联网资源开发出更多适用于思想政治教育发展的模式是重点。通过查阅相关资料作者发现互联网云平台空间极受广大高校教育工作者欢迎。

（一）创建移动 APP 教学管理端

移动端思想政治教育 APP 软件对于现在已经习惯了用移动互联网来查看信息的学生而言无疑是非常适合的。这类软件新颖的模式很贴合学生的日常使用习惯，并且也改变了以往过于呆板的教学方式。高校思想政治教育通过信息技术的利用自己创建的网络移动 APP 让学生可以随时随地与教师进行沟通。这样的移动信息化辅助教学软件改变了以往学生因传统思想政治学习过于死板而产生的抗拒心理，充分将传统的思政教育知识和时下热点与学生比较关心的话题联系在一起，促进大家讨论。这样比微信公众号、微博甚至是网站的效果好很多。因为这是专门为思想政治教育打造的平台，信息更全面，功能也更多；并且其研发是基于大量的教育工作者多年的调研，更加适用于教师教学和学生的日常生活。有了这样的 APP，思想政治课教师可以提前将课程上需要重点讲述的内容展示给学生看，并且可以随时和学生进行互动，既让学生在轻松的氛围当中了解课程，又可以让教师针对学生的课前反应来对课程的教学方式和教学步骤作出改变，力求能够帮助学生更好地接受思想政治教育。

（二）开展师生互动

当前，思政课所开发出的新款移动 APP，增强了思想政治教育和学生之间的互动。而且，通过这个手机客户端，教师可以随时随地和学生进行沟通，让学生在沟通的过程中，不断提升自己的逻辑思维能力。与此同时，思想政治云课堂也创新了线上教学模式，在 APP 教学活动中将课前预习、实时课堂、课后考卷等纳入其中。

对于某些特别的实践过程，APP 会给学生一些提示，让同学各抒己见。而且学生在云课堂上，可以在教师讲课的时候，发送实时弹幕，在直播中弹幕可以出现，在视频播放中也可以显现弹幕。教师可以借此对学生存在的一些难点问题和疑点进行解答，并在课堂中与学生对这些问题进行探讨

思想政治云课堂 APP 采用了目前最先进的云计算技术，并与虚拟网络相结合，为思想政治教师提供了更多的教学手段。并且它的传播途径非常广泛，观看方式也非常简单。

经过思政课的学习，学生也会将思政课的内容传播给周围的人。如此一来，产生的传播和宣传效果非常好，能让更多的人接受思想政治教育。有些同学以前在教师面前不敢发问，现在却因为网络而活跃起来。

教师也一改往日的刻板印象，转变自己的角色，成为学生的倾听者与陪伴者，这一变化使学生对思想政治教育产生了更多的好感，对思想政治教育工作者宣传的理念接受程度更高。同时，师生也可以通过网络来解决一些很难当面沟通的事情。

传统的思政教育课程中蕴含很多的知识点，有时候教师为了将知识点讲完会赶进度，这导致他们和学生之间的互动非常少，也没有办法与学生之间开展非常具有趣味性的互动，导致课堂枯燥无味，不能引起学生的兴趣和积极性。而在这一点上，思想政治教育云课堂 APP 很好地对这个问题进行了解决。学生通过思想政治教育 APP 在课前就能学习到大量的知识点，这样可以减少老师在课堂上讲解知识点的压力，也可以提高课堂的互动性和趣味性。同时，教师还可以利用思想

政治教育 APP 获得海量的专业数据，以此为基础进行研究和分析，为自己的教学作充分的准备。从某种意义上讲，这类 APP 的开发，为师生们解决了不少难题。

第一，它解决了教师对资料的收集不够集中的问题；第二，它不仅可以提高教师的教学效率，还可以极大地激发学生的学习热情。可以说，思想政治云课堂 APP 解决了思想政治教育中的两个主要问题。智能化的思想政治云平台可以为师生提供大量的信息和资源，成为当前思政教育发展与教学的重要辅助手段。

（三）收集学生思想动态

借助云课堂平台 APP，思想政治教师可以更加便利地收集学生个人思想和动态信息，从中看到学生日常生活的思想的反馈，教师在这样的反馈当中可以对学生进行适时引导，帮助学生在一些问题和行为有偏差时改正自己的错误，树立正确的价值观和人生观，学会用正确积极的方式解决眼前的问题。

第四章　基于互联网的思政课教学方法的创新

随着互联网的不断发展，新的教学模式也在不断涌现。本章论述了基于互联网的思政课教学方法的创新，从互联网时代思政课云课堂的应用、互联网时代思政课"慕课"教学模式、互联网时代思政课"翻转课堂"教学模式三个方面做了介绍。

第一节　互联网时代思政课云课堂的应用

长期以来，我国的教育都存在着教学方法落后的问题。由于我国各地的情形不同，发展情况也不同，经济水平和教育水平直接挂钩，传统的教学方式仍然是大部分地区教育的主要方法。现在云计算与思想政治教育打造的云课堂就是为了弥补这样的不足，改变以往的填鸭式枯燥教学。让教学课堂活起来、动起来是当今云课堂开展的重要意义和目的。深化教育改革的具体措施可以从云课堂的具体实行做起，改变以往以教师为主体强行灌输知识点的方法，做到真正以学生为主体，让学生和教师之间真正有互动。

一、云课堂的特点与基本概念

随着云计算的普及，云计算技术与教育的结合也逐渐进入了人们的视野。依托于云计算技术，云课堂将思想政治教学内容纳入体系，形成了线上教学课程，将网上教学模式通过更加便捷的云计算技术呈现给师生。云课堂具备云计算技术带来的非常高的便捷性和高效性。云课堂相较于传统的教育课堂有很多的优势。所有的教材内容都能集中在云课堂当中，包括与课程有关的所有课件、音频、视频等数据，云课堂还可以推送一些学生平时关注的新闻；同时，它还将教师的评价系统和学生的签到系统结合在一起。学生的体验性是云课堂的中心和重点，通过云课堂学生可以进行实时听课，也可以参加实践活动，还可以与其他学生频繁互动与交流。

（一）"永不下课"的课堂

虽然教学课程在持续地进行着以学生为中心的改革，但是许多教师仍然以自己的教学计划和教学过程为主，学生在课堂上仍然处于一种被动接受的状态。云课堂的出现为改变这一现象带来了转机，它的教学形式和设置都是以学生为中心的。而且，云课堂对于教师来说也是非常方便的。在这个平台上，教师可以布置作业，也可以公布考试中的考点。不仅如此，教师也不需要担心一些学生因为没有及时进行记录而跟不上讲课内容。在云课堂中，学生的复习和教师的讲授都会变得更加容易，这样可以节省大量的时间和精力。

（二）在线问答，在线考试

教师通过使用云课堂不仅仅在课堂中调动了学生的积极性，在课程结束后也可以及时布置任务，教师可以及时看到学生的完成情况，对学生进行在线答疑。一方面，新颖的在线问答模式提高了学生的学习热情，增加了学生主动学习的意识；另一方面，这也提高了教师的工作效率和教学效果。

（三）单一学习到多样学习的转变

在传统课堂中每位学生都只接触到一个专业学科，不易学习更多学科的知识。而在云课堂平台，只要学生喜欢自主学习，就可以系统地学习任何学科的知识，增强了学生学习的广度和深度。通过云课堂平台的搜索功能，学生可以搜罗到任何自己喜欢的学科内容，可以进行同步学习和在线提问。这样的云课堂解决了以往有的学校不可以修双学位的困扰，为学生创造了更广泛的学习机会，得到了学生的一致好评。

并且在"云课堂"上还有兴趣小组，学生可以找到志同道合的学习伙伴并每天互相讨论。这既有利于增强交际能力，也有利于对知识进行完整系统地学习。能与专业课程的教师和学生进行交流，就更让学生有了学习的动力。这是传统教育难以做到的。

二、云课堂教学面临的困境及解决方式

（一）云课堂教学的现实困境

《国家中长期教育改革和发展规划纲要（2010—2020 年）》在 2010 年出台，该文件对我国教育事业的发展作出较为详尽的规划。在科技不断进步和发展的前提下，在教师的不懈努力下，新技术融入教育课堂中并在学校中进行试点。这个过程不管是对教师、学生，还是对信息技术人员，都提出了巨大的挑战。

1. 教师面临的困境

第一，对教师而言，他们所要面对的困境是如何从传统的教育中跳出来，对互联网进行充分的了解，把传统的课堂教学转化成能与线上课堂相媲美的教学方式。这对那些对互联网了解不多的教师来说，是一次全新的挑战。而且，云课堂才刚刚开始发展，还有很多的问题需要教师在教育教学的过程中去发现和解决。在授课前，教师必须对云课堂的全部功能以及每一项特殊的内容、具体的信息有充分的认识。而且，云课堂开设后，教师也要花更多的精力在上面，这会占据更多的课余时间，教师必须要适应这种节奏。

第二，为了让学生能够适应这种新型的教学模式，并主动参与到这种新型的教学模式中去，教师自己也要用积极的态度去对待这种新型的教学模式。转变过去的教育观念，是教育改革的关键。在传统的教育观念中，教师处于主导地位，所以在思维上会有许多障碍，要想把自己融入云课堂中去，就一定要打破以前的某些观念，让自己适应以学生为中心的云课堂。同时，教师要使自己成为一个能够进行个性化学习的人，只有这样，才能引导学生进行个性化学习。与此同时，云课堂也是对教师学习新技术的一种考验，因为在云课堂中，教师需要将自己的知识进行上传，这就需要教师不断学习和适应。

2. 学生面临的困境

对于学生来说，学生对于网络并不陌生，对于网络媒体也能很好地适应，但是关键性问题在于学生的自制力不够。不论中小学生还是大学生，大部分学生都有自制力不强的弱点。所以如果想依靠云课堂来激发学生的自主学习是远远不够的。教师必须进行适当的指导和监督才能让云课堂真正的起到作用。在走访调查云课堂的作用时就可以发现，学生虽然很容易接受云课堂这样的教学形式，但是

在没有教师的情况下，学生并不能够自主配合进行学习。甚至有的学生在没有教师监督时，会通过手机或者电脑进行其他娱乐活动。云课堂的虚拟性在学生长期的使用过程中会造成学生之间缺乏现实交流、沉溺于网络交流的现象，导致实际交流能力差，影响学生之间的关系。这就需要教师进行实时调节。云课堂的广泛应用和大力实施让很多作业和调查都通过网络进行，学生书写的机会减少，导致很多学生提笔忘字。并且过多的线上材料会增加学生的学习内容，让学生更有压力。如果不适时解决这些问题，会对一些心理承受能力差的同学造成影响。

3. 教学内容上的困境

随着信息技术的发展，很多现代化教学形式都融入了传统课堂中，形成一种新型教学形式。和纸质教材的封闭化相比，数字教材具有的开放性和简便性越来越占据优势。云课堂教学丰富的数字专业资源受到了很多教师和学生的喜爱，但是在这样的情形下，有些教育工作者担心长此以往纸质教材会被数字教材所取代。

4. 教学媒体困境

教师使用教学媒体辅助传统教学课堂之后，教学课堂的氛围变得更加活跃，学生与教师之间的交流也变得更多了，学生对教学内容的兴趣大大加深。通过教师的启发引导，学生越来越能够配合教师进入课堂教学内容的主题中来。而云课堂教学平台的使用更加充分地体现了这一点。不仅如此，云课堂还帮助学生在课下与教师进行便捷式沟通，拉近了教师和学生之间的感情。云课堂为教师和学生之间搭建了一个学习中的社交圈，就如同大家生活中经常用的社交软件微信一样便利。与之不同的是，云课堂既能够有交流的便捷性，还具备开放性学习功能。

但在教师辅助学生进行云课堂的使用过程中，在加深了学生对学科的理解以及对教师的印象之外，教师的课后教学工作也增加了很多，这对教师也形成了一种无形的负担。所以在具体的教学实践当中，教务管理者和教师都要去协调掌握好工作的尺度。

(二) 解决云课堂困境的方式

云课堂刚出现的时候，每个人都面临着不同的挑战，要想解决这些情况，主要从以下几个方面着手。

1. 培养信息化新型教师

对于云课堂的接受度和接受能力，不同的教师间也存在着差异。为使所有的教师都能够在较短的时间内熟练掌握相关知识与技能，最切实可行的方法就是对整个教师团队进行系统培训。教师可以接受专业人员的培训、聆听对云课堂的专业讲解，使自己的网络技术知识增加；与此同时，针对教师的培训都会有专门的专业技术手册，教师可以在培训之后按照技术手册进行自主学习。在对云课堂的操作方法基本掌握之后，根据学科特点，教师就能对云课堂的优势进行整合，并以自己的学科特征和教学目标为依据，展开教学设计。

在教学设计中应注意以下几个问题。

首先，在云课堂中选择合适的教学内容。教师在运用云课堂的过程中，要学习如何利用云课堂这个平台来获得大量的教学资源，然后把这些丰富的资源整合起来，做成 PPT 或视频，以便于课堂教学。

其次，在教育教学中灵活使用云课堂教学形式。将云课堂的教学形式融入传统的教学中，有利于迅速达到学科教学目的。

最后，采用云课堂方式，需要客观地评估学生的学习效果。只有做到这三个方面，教师才可以在掌握了云平台课堂的教学技术之后，利用云平台教学技术使学生对云课堂的适应能力不断提高，让学生可以树立起自主学习的观念，并养成自主学习的好习惯，进行独立学习。

2. 培养学生线上学习的自觉性

教师要想强化学生云课堂学习能力，首先就要建立起完善的学习评价制度，对学生的自主学习进行考核和监督，促进学生自主学习能力的形成。目前很多高校的云课堂平台之所以效果不尽如人意，都是因为缺乏评价和监督机制。学生的自制力不提高，云课堂的作用就不能充分发挥出来，当然也就没有学习效果可言。所以教师要建立起严格、完善同时又人性化的监督管理机制，在保证学生可以进行学习的同时，也能够让学生感受到云课堂平台带来的欢乐，让学生开始真正喜欢并加入云课堂平台的自主学习当中。在长期的自主学习当中，学生的自制力就会显著提高。具体的建立方法可以采取为学生建立电子档案考核的方式，将学生的实时学习动态和数据都做详细统计，来为学生进行考核，督促学生自律学习。

除了建立完善的监督制度外，对学生进行心理教育非常重要。教师要针对学生的心理问题进行在线辅导，帮助学生从心理上对云课堂平台产生认同，并且关注学生的心理健康，鼓励学生多向教师进行在线心理咨询，使学生保持良好的心理状态投入学习中。

3. 构建多样化的教学内容

在我国云课堂实行的现阶段中，云课堂的数字教材成了目前传统教学课堂中的宠儿。在教学课堂改革当中，如何通过云课堂平台和传统课堂相结合来形成适应学生需求并且也在教学目的和教学内容限度范围内的教学方式是教师一直探索的问题。首先对于纸质教材和数字教材的性质和优势教师就展开了充分的论证。最终得出的结论是，纸质教材是数字教材发展的基础，数字教材则可以在发挥纸质教材作用的基础上促进纸质教材的内容得到更多学生的认可，也可以供学生按照自己的喜好进行个性化学习。数字教材在一定程度上也为学生的书包进行了"减重"。

4. 提高学生云课堂学习效率

要想让学生通过云课堂学习的有效性提高，教师首先必须要创新教学方式，让学生充分利用云课堂教学模式与教师进行沟通。教师在了解了学生的需求和心理后，结合教学内容来创新教学方法，让学生得到激励，开始主动努力进行云课堂的学习。在一定程度上来说，云课堂教学也为教师的教学创新提供了很多便利。翻转课堂教学模式就是很成功的一个创新教学模式，教师不妨多多尝试翻转课堂教学模式，并在教学过程中不断总结经验，创新出更适合自己所教学生的翻转课堂教学模式。翻转课堂教学模式可以从课前、课中到课后实现师生之间的交互，极大地增加了师生课堂内的互动和课下的交流。其次是云课堂辅助教师团队的建设和组建，云课堂的出现增加了教师的工作量，所以教师要组建一个专业团队来协调工作，减少个人的工作压力，大家一起协同合作，共同完成好教学任务。团队既能够帮助学生高效解决问题，促进他们的云课堂学习能力提升，又能够让每个教师的压力都得到缓解，促进教师和学生共同发展。

三、云课堂与传统课堂教学目标关系的构建

（一）云课堂教学的特征

教育改革在信息化时代，首先要做的就是改变当前的教育系统结构。

1.教师：多元角色充分体现

教师是一种角色多元化的职业，人们给教师的行为设置了许多"预期"，从总体上看，教师的多元角色中不仅包含着实际的角色还包含着期待的角色。随着信息时代的到来以及当前教育的快速发展，云课堂成为课堂教学中的重要组成部分，也成为学生生活、个性化学习、师生交流以及教师备课的重要工具和渠道。云课堂的个性化学习模式获得广泛认可，随之而来的是教师角色定义的变化，具体表现在以下几个方面。

第一，在教师的角色上，人们开始重视强化教师的指导者的角色和促进作用。学生在使用云课堂教学平台的教学视频进行自学时，在学习的过程中会遇到很多的问题需要与教师交流，这就要求教师要充分扮演好学习指导者的角色，在课余时间对学生进行耐心的指导，促进学生形成自主学习的习惯。云课堂教学有着非常强的互动性，教师需要充分发挥这一特点，开展探究学习和合作学习，将学生的学习热情和积极性激发出来，对学生的学习方式与合作方式进行指导，引导学生进行个性化的学习，促进学生的进步与成长。

第二，在教师的角色上非常强调教师的线上学习心理辅导者的角色。云课堂会对教师的线上角色进行限制，对于教师来说，对学生进行相应的心理建设也是必要工作。鉴于此，在云课堂上，教师还具备着另外一个角色——线上学习心理辅导员。教师需要引导学生进行课前的预习、课中的练习以及课后的个性化的学习。只有学生从心理上对虚拟课堂接受才能真正让学生融入其中，因此，学生的心理建设显得尤为重要。比如，在云课堂教学中，有的学生不适应线上互动的学习方式，有的学生过于依赖线上的学习和交流方式，在线下开始出现社交恐惧心理。以上这些问题都需要教师关注和注意，对学生进行定期的心理疏导和有针对性的心理建设工作。

第三，在云课堂中教师还会充当另外一种角色——校外声音的倾听者。教师借助云课堂一方面可以得到课外学生的反馈，同时还能听到一些校外学生的反馈。鉴于此，教师在云课堂中还具备一个新的角色，即校外声音的倾听者。针对这些校外学生的反馈与问题，教师应该及时给予回应，作为教师，为学生解决问题是不可推卸的责任。在这样的交流方式和共享方式中，学术交流与教育也会获得更好的发展与进步。

2. 学生：学习方式个性化和终身化

随着社会的发展，教育者越来越认识到素质教育的重要性，也意识到了每个学生都有不同的认知方式，差异化教学才能让学生获得更好的发展，同时也能够增强他们的创新能力。所以一直以来，教育工作者都在为个性化学习而努力，云课堂教学的出现，则改变了以往教育工作者在这方面探寻上的艰难困境。云课堂教学真正从尊重学生个性化学习的角度出发，多元的服务模式和资源共享以及师生互动，都符合学生喜欢的个性化学习方式的特征。比如云课堂教学在知识呈现方式上灵活多变，充分适应了不同学生的信息加工习惯，丰富的视频资源增强了学生的学习动力，弹性化的学习步调更适合高校学生的学习特点。云课堂教学资源也有利于学生拓宽学习空间，树立终身学习的理念。

3. 教学内容：丰富和开放化

云课堂教学通过信息技术让课堂教学变得有趣味性，也让学科知识呈现的方式更加能够满足不同学生的需求，增强了学习个性化的建设。同时，云课堂教学平台的开放性也更加有利于学生的个性化学习。无论本校学生还是其他学校的学生，都可以通过这样的教学平台进行自主学习，更加推进了学科教育的发展。

4. 教学媒体：辅助学生线上学习

第一，教学媒体可以辅助学生进行主体性学习。在线下课堂，教师也可以运用云课堂教学平台对学生的学习进行辅助指导，增强学生的参与性。这样教师无论在线上还是在线下都可以对学生的学习进行辅导。并且在线上辅助学生时，使用云课堂教学媒体更加有助于学生自我教育意识的激发，提高自己的约束能力，促进个性化学习。

第二，教学媒体为学生提供了多样化的学习体验。学生在运用云平台教学课堂的过程中，可以体会到不同于传统课堂中的感受。相较于传统课堂，云课堂广泛获得了学生的喜爱。流畅的界面和美观的设计，都让学生享受到了极佳的体验。并且在云平台，只要简单一搜，各个学科的各种资料和文献都可以查得到。方便快捷的资源查阅，让学生更加喜欢自主学习，也更容易在云平台中与其他人进行学习交流和提出自己的观点，促进了个性化学习的发展。

第三，在云课堂教学中，教师可以充分利用云平台教学的交互性特征，多多开展分组讨论和虚拟生活情境的实践学习，让学生感受到云平台的现实性，防止学生出现过分依赖线上平台课堂而忽视了线下课堂和实际生活的情况，帮助学生正视云课堂教学的作用和意义，正确运用这样的开放平台，避免一些心理问题的形成，改进学生对云课堂教学的认识。

（二）云课堂与传统课堂教学目标关系构建的关联性

1. 学生与云课堂教学的关联性

课前自主学习阶段、课中合作探究学习阶段是云课堂教学的两个阶段。如果没有明确的教学目标，教师在教学的过程中就无法达到预期的教学效果。因此，在云课堂教学的过程中要将学生的需要作为核心，并与学科的特点相结合，立足于社会实际，制订出具体的教学方案。

2. 教师与云课堂教学的关联性

教学目标设计的好坏对教学质量有很大的影响。在教学设计中，教师是主体，要对学科的教学目标有深刻的了解和把握，并认真考虑怎样才能用系统的教学设计来实现这些教学目标。对教学效果来说，教学目标设计具有指导性的作用，在云课堂的教学效果中表现得尤为明显。云课堂的教学效果取决于课堂上教师的教学目标设计，同时还取决于教师对云课堂这个教学平台的操作掌握的熟练程度。鉴于此，教师需要具备非常强的专业能力，并熟练掌握信息技术知识和操作，只有在此基础上，教师才能为学生呈现出非常好的课堂教学效果。要想实现教学理想目标，关键在于教师将课程的目标融入课堂的教学设计之中。

3. 课程与云课堂教学的关联性

云课堂教学与课程应该相适应，只有这样才能使云课堂发挥出应有的效果。在学生通过云课堂教学进行学习之前，教师应该对学生所学习的内容进行认真的检查，看看内容与教学内容是否相匹配，而且要对课前学习的难易程度进行把握，对学生的接受能力进行关注。在线下的课堂中，教师需要保证学生的学习内容与教学内容相匹配，以学生课前所学的内容为基础，对内容的难易程度进行深化，提高学生的自主学习效果，从而实现教学目标。

（三）云课堂与传统课堂教学目标关系构建

教学目标是一切教学方法和教学过程的思想指导。也就是说，在教学过程中做的任何努力，都是以教学目标为中心的。对学生来说，教学目标也是学生学习的中心。所以在教师教学中以及云课堂教学过程中，都不能因为想要吸引学生的注意力而偏离教学目标。在教学行为中为迎合学生的喜好而随意设置内容，这样不符合教学目标的教学过程是需要避免的，也是新型课堂教学形态出现后，教学想要进一步发展必须做到的一点。所以教师在教学当中，应该充分将云课堂教学的目标和传统教学目标整合，实现云课堂教学和传统课堂教学结合的最终教育目标，让学生有所收获。

1. 传统课堂教学目标设计的现实困境

针对高校教育，教育部出台的教育课程改革政策中具体提出了如下要求：要求教育目标的实现应该对学生进行知识与技能、过程与方法、情感态度价值观的教育。实际上，在执行教学目标设计的过程中会出现不可避免的难以执行的问题，主要原因如下。首先，站在教师的探究性上来说，多数的教师并没有对课程标准与课程的内容进行深入了解和仔细研究。这也是造成这些问题的一个重要原因。对于教学目标的确定，课程标准是一个非常重要的环节。不管是在线上教学，还是在传统的教学中，如果不对课程内容和课程标准进行深入的研究，教师就不能完成对教育目标的可行性的教学方案设计。缺乏教学探究以及忽视细节都会导致上述现象和问题的出现。其次，教师对课程的整体目标不能准确把握，缺乏对课程目标的整体把握，缺乏对课程目标的总体认识，从而造成课程目标设计无法实现。

2. 云课堂与传统课堂教学目标关系阐述

根据学生的实际情况，教师按照课堂内容对教学目标进行确立，所确立的教学目标应与学生的发展相吻合。这一过程可以在线上课堂实现，也可以在线下课堂实现。只有这样的教学目标才是有意义的。下面，我们就利用云课堂的教学模式，对此进行详细的论证。

此处以高校思政教育教材《思想道德修养与法律基础》的第一章"人生的青春之间"为例，介绍教学设计。

（1）对章节的教学目标进行确立

①对人生观的基本理论进行理解。

②可以用科学的眼光看待人生的根本问题。

③对个人与社会的辩证关系可以正确认识。

④对人生进行思考和规划，养成积极向上的人生观。

（2）设计一些与教学目标有关的教学情境来引入课程内容

①选用林俊德将军的文字版本的案例。

②以网页链接的方式通过"蓝墨云班课"上传案例资源。

③在规定的时间组织学生利用手机查看案例资源。

（3）对案例的效果进行检测阅读

①根据教学知识点和案例详情提出问题。

②利用"蓝墨云班课"随机分组，组员之间讨论问题并上传至"蓝墨云班课"平台。

（4）根据各小组问题讨论结果，逐步引导学生进行深入分析，针对学生的讨论情况进行思维和价值观的指导

①梳理知识，进而对问题进行归纳，针对各个小组讨论完成的作业来进行评论。

②加入教学内容的情境选择，有目标有针对性地查看学生的理解能力，了解教学效果，查缺补漏。

（5）普及人物成长的时代背景，促进学生感悟时代精神，让学生投身到时代中去实现自己的人生价值

从上述教学目标设计中可以发现，无论传统课堂还是云课堂教学，都要遵循传统课堂中设立教学目标的三元素，即知识与技能、过程与方法、情感态度与价值观，逐步导入、循序渐进。而云课堂教学方法则在很大程度上改变了传统的三元素融合过于单一的缺点。云课堂教学在教学目标中增加了多元化元素，对学生的个性化学习培养目标有很大益处。

不过云课堂平台与传统课堂的融合需要教师付出很多时间学习和钻研。在实际教学过程中，很多教师都存在这方面的不足，对于信息技术平台的运用和与传统教学课堂的融合是所有教育工作者都需要加强的方面。传统课堂教学目标与云课堂教学目标的关系概括为以下几点。

（1）传统课堂教学目标是云课堂教学目标的基础

云课堂教学目标是以传统课堂的教学目标为基础的，云课堂教学为传统教学提供目标上和教学方法上的补充。例如，在高校理工类课程的教学当中，教师为

了达到传统教学目标，会利用信息技术进行现场演示和现场试验，让学生更加直观地观察，在实践中培养学生的动手能力。

（2）云课堂教学目标是传统课堂教学目标的生长点

云课堂教学目标与传统课堂教学目标关系得以确定还因为云课堂教学是信息技术与传统教学的融合。云课堂是在传统课堂教学内容的基础上，通过信息技术优化传统课堂的教学模式而开发出的适用于信息时代教育教学的平台系统，是为了更好地发挥传统学科教育的优势而建立的。云课堂教学是传统课堂教学信息化的产物，是在信息时代下，传统课堂教学模式的创新。这一理论在云课堂教学的以下两个特点上已经得到印证：一方面，在学生知识目标培养上，教师的情景导入都以教学内容为主；另一方面，在课堂小组讨论中，教师也引导学生以传统教学内容为主，只是通过云课堂平台的形式进行讨论。

（3）云课堂教学目标与传统课堂教学目标相辅相成

二者之间形式上不尽相同，但实际作用却相辅相成，彼此互相促进。在传统课堂中，以往一些操作性较强的学科因为条件的限制，很多操作不能在课堂当中一一实现，只能凭借教师的书面讲解让学生想象。而现在，教师为了让学生直观地看到这些操作，可以运用云课堂来讲述。教师可以录制演练和操作的视频供学生观看，也可以从网上搜集相关的操作视频给学生观看。而且开放性的云课堂教学增强了校际的对话与交流，教师有着更为广泛的引导渠道和教授渠道。

四、基于云课堂的混合式教学模式设计

（一）基于云课堂的混合式教学模式的优势

将传统教学模式和网络教学模式融合在一起的云课堂混合教学模式有很多独特的优势。

1.在线学习和传统课堂有效互补

在教育领域中应用网络在线学习平台是一种跨领域的尝试，这也是教育发展到一定阶段的必然趋势。网络在线学习平台具有非常多的优势。从全世界范围来看，单一的应用不可避免会出现问题，因此，将线上学习与传统的线下学习相结合是未来教育发展的必然趋势和选择。因为有些自制力较弱的学生在线上教学过

程中的学习成效难以估量。鉴于此，尽管在现代教育中，线上教育具有许多优势，但我国并没有倡导和普及仅通过线上平台就可以学习的理念。而传统教学模式的弊端也是众所周知的，即在传统的教学中很难做到以学生为本，特别是在高校思想政治课程中。由于繁多的教学内容，加之班级人数众多，教师不能做到顾及每一个学生，也就无法进行个性化教学。在传统的教学模式中，教学实践受场地、时间等因素的制约，教师主要根据教学内容来讲解知识点，基本上不会与学生进行大量的互动，也就无法让学生的社会实践能力得到提高，难以实现学生的综合发展与全面发展。

云课堂的出现给传统的教育模式带来了新的生机与活力。它不仅增强了课堂教学中的师生互动，而且还为学生提供了丰富的学习资源，同时还有利于教师对教学资源进行整合。将传统课堂教学与云课堂践行融合的混合式教学模式，既弥补了云课堂和传统课堂教学的不足，又继承了二者的优势。首先，混合式教学模式为学生提供了一个开放性的环境，同时加上教师的监管，保证学生的学习进度可以得到合理的、科学的指导与安排，对一些自制力较弱的学生来说，可以得到有效约束。其次，在自主学习的过程中一旦学生产生问题和疑问，教师在线答疑，或者是在课堂中面对面进行解决，师生之间的交流与互动打破了传统的课堂教学的限制。在混合式教学模式中，学生拥有主体地位，教师应该引导学生进行自主学习，使其养成良好的学习习惯，让自身具备自我约束的能力，这样会呈现出更显著的教学效果。同时，它也推动了教育改革，促进以学生为中心的教学方式的发展。

2. 支持多样化的教学方式

传统教学方式让学生一直处于被动学习的位置。在网络媒体教学广泛开展的形势下，很多学生还没有转变这一思想，依然要依靠教师的督促来进行学习。这并不符合教育的目标，所以现在所有教育工作者都在不断地通过不同的教学方式来帮助学生养成自主学习的习惯，帮助学生走出固有的舒适区，真正开始学会自主学习，尝试在遇到问题时自己解决。只要真正培养出学生自主学习的精神，就能够解决一些学生出现厌学、学习效果不理想的问题，这也是如今混合式教学盛行的主要原因。因为混合式教学恰好可以帮助学生进行自主学习，同时也可以将传统的教学内容和云课堂平台的自主学习相互融合起来。长期的实践教学证明，混合式教学的效果还不错。虽然在细节上还需要改进，但是整体上来说还有很大的上升空间。

利用云课堂的便捷，在传统的课堂教学中，教师可以发布、讨论内容，让学生都加入讨论组中来，增强学生之间的思想交流，在不同思想的相互交织中来完成对知识内容的学习。在课后教师也可以通过云课堂发起话题讨论，为调动学生的参与积极性，教师可以充分将热点新闻与教学内容联系在一起让学生参与讨论，并且也要实时分享自己的心得体会，活跃讨论组的氛围，引导学生不断取得进步。

在混合式教学模式中，教师在课后可以让学生以个人或者小组为单位来完成一些任务，帮助学生在互动和讨论中真正了解教学内容的含义，达到教学目标。

3. 教学评价更真实

混合式教学改变了以往传统单一的教学模式，消除了教师不能第一时间获得教学反馈的弊端。而在混合式教学模式下，教师可以直接获得学生一系列的教学反馈，在更加了解学生的学习情况的基础上对学生进行全方位评价。这样的评价可以从课程开始之前延续到课程结束后。课程开始前教师可以通过云平台上学生的自主学习情况来获得诊断性评价；在课程进行过程中，教师可以通过云课堂上学生的练习记录和讨论记录来作出过程评价；在课堂教学结束之后，教师可以通过学生的课后巩固情况和任务完成情况来对学生的课程学习进行整体评价。同时，教师也可以多多鼓励学生互相评价。混合式教学模式的发展，将教学评价分散于每个课程之中，这样就会激励学生更加自主地学习，也有助于提升学生的学习效果。

高校教师通过运用混合式教学模式，将云课堂的优势和传统教学模式的优势都充分展现出来。教师在教学时能够通过云课堂来全面地了解学生的学习情况，获得开展传统教学的指向性信息。教师结合云课堂的灵活性，可以更加吸引学生认真钻研学科，专注于学科的学习。此外，通过云平台，学生可以根据自己的喜好以适合自己的学习方式拓展知识面，而学生之间思想的碰撞也拓宽了他们的思维，有利于学生提高分析问题、解决问题的能力。教师在混合式教学中，不仅起到了知识传播者的作用，也起到了引导者的作用。

（二）基于云课堂的混合式教学模式设计

目前高校的教学模式都是由传统教学模式和云课堂模式结合组成的混合式教

学模式。一般来说课前的学习阶段和课后的复习阶段都是教师通过云课堂来实现的，课中则还是以传统的教学模式为主。

1. 课前学生自主学习

学生在课前进行自主学习的时候，教师应该将所有的课程内容进行整合，并提前发布，并且就在自主学习中出现的问题引导学生进行讨论。在云课堂教学中，教师要积极参与学生的讨论，鼓励学生在云课堂论坛上就学习内容发表自己的看法。在学生发表感想之后，教师也应该及时给予反馈，或者在小组内进行积极的师生讨论。通过这种方式，教师可以更好地掌握学生的学习状况，了解他们的心理和想法，也能以此为依据对教学活动进行适时的调整。通过云课堂，教师可以在课后看到学生的回答，收到学生对于自己教学的反馈，这对教师提高自己的教学水平非常有利。与此同时，教师也可以通过云平台，对学生们的重点难点掌握情况进行了解，方便教师在以后的教学过程中对相关重点难点的讲解进行强化，从而提高学科的教学效果，推动学科教育的发展与进步。

2. 课中学生课堂研讨学习

在进行课中教学时，需要注意到四个环节上的细节问题。

第一，教师需要在课前整理好学生自主学习的情况，通过云课堂中学生的学习情况来查看学生在自主学习中遇到的难点和概念的模糊点，在课中进行集中讲解。这样就更能让学生集中注意力，对教师的教学也更具有指导性，教师可以真正基于学生的需要来调整教学内容和教学节奏。

第二，教师通过云课堂可以在课前和课后进行双向交流，在沟通中，对学生的心理状态和对学习内容的掌握程度进行深入了解和把握；以此为基础，在以后的教学中，教师可以更加有针对性的对学生进行引导与教育。

第三，教师通过参与学生的讨论，更能了解学生的想法，学生也更能将教师的讲解放在心上。教师和学生感情增进，也就增进了学生对教学内容的认可和在思想上的认同。

第四，在云课堂中，教师可以随时看到学生的学习任务完成进度，并与他们进行互动交流，帮助学生培养出自主学习的习惯。

3. 课后学生巩固学习

课后学生的巩固学习是非常重要的步骤，温故而知新，想要掌握好一门功课，并且能够在这门功课上有建树，温习功课是很必要的。所以云课堂教学平台也很重视课后学习。对于思想政治教育课堂来说，在云课堂课后巩固这个阶段中，学生的任务是通过翻阅大量资料开展对相关话题的讨论，并将讨论的感想或感悟以作业的形式发布到云课堂作业模块中，以便教师一一查阅并针对学生的感悟和感想进行一对一的思想指导和全面批改。

五、基于移动教学 APP 的云课堂教学模式

（一）基于移动教学 APP 构建的云课堂教学模式

现在一些高校在网络在线云课堂的基础开发了移动教学 APP。移动教学 APP 更加适应当今的移动互联网大环境，方便了教师和学生的使用。教师和学生只需要通过手机就可以使用云课堂，实时性更强，具备了以往网络在线云课堂不具备的优点。界面上的功能显示更加清晰，并且让人简洁易懂又美观大方。在资源的共享上，移动 APP 的兼容性更强，在资源查找和使用上步骤更加简单，用户操作的流畅度更好，这也是为什么现在广大师生都开始喜欢移动 APP 教学的原因。移动教学 APP 更加符合现在人们的互联网使用习惯。

虽然移动 APP 教学具备了很多网络在线云课堂不具备的优点，比网络在线云课堂更加完美，但是也不代表移动教学 APP 不存在任何缺点，即使再完美的科技也需要人的操作才能够达到最好的效果。移动教学 APP 只是为教学方法提供了一个良好的平台，帮助教学模式进行改变，提高学生的积极性，但是具体如何能够让学生更加喜欢专业学习，如何能够高效率地提高教学效果，都是需要教师在具体的教学过程中不断摸索的。真正将移动教学 APP 的优点融入教学中，使其变成教学效果提高的内驱力才是移动教学 APP 的意义之所在。要想能够运用好移动教学 APP，就需要教师了解移动教学 APP 的优点和特点，并在此基础上进行教学方法的探讨。具体来说，移动教学 APP 与传统教学结合比较常用的教学模式大致有以下三种。

1. 以集体授课为主移动教学 APP 教学为辅的云课堂教学模式

传统的教学模式一直以来都有一个缺陷，那就是数据的收集和分析能力不强。因为缺乏资料收集与分析的能力，教师无法了解学生的学习成效与学习效果。而

移动教学 APP 中的一些功能正好可以弥补这一点不足。移动教学 APP 利用自身先进的信息技术，可以收集到全面的数据，帮助教师对数据进行详细的分析。

比如，在之前的高校公开课中，由于班上人数众多，教师没有办法做到每堂课都点名，考勤问题让教师很是苦恼。就算点名，也不可能每个学生都点到，因为如果这样点名，上课的时间就会被大量占用。对于思政课来说，知识点太多，上课的时间也非常有限，因此教师不得放弃点名。于是，有些同学便借此机会逃课，教师难以对其进行有效的管理。有了移动教学 APP，考勤问题迎刃而解。通过 APP 签到，教师不用再担心学生是否按时上课，后台可以将学生的出勤情况实时呈现出来。这样一来，教师就有效控制了逃课行为的出现；在进行期末成绩考核的时候，也有了考核的依据，教师也就不需要再像以前一样，把每天的考勤都记录下来，这样可以节约很多时间。移动教学 APP 针对学生在课堂中的表现也有相应的考核依据，这可以帮助教师完成课前、课中、课后等一系列的考核与评估，更加凸显了智能化。

2. 以小组教学为主移动教学 APP 教学为辅的云课堂教学模式

在高校的思政课堂中，以往小组教学或者进行讨论，都是不可能实现的教学模式。因为班级人数过多，教师没有条件在一节课堂当中顾及每个小组的讨论结果，也没有办法实时了解每个小组的讨论情况和学生的反应。而移动教学 APP 的在线讨论功能改变了传统教学模式的缺陷。教师可以通过移动教学 APP 实时查看学生的讨论情况，并且可以同时看到每个小组每个学生的讨论情况，更有利于教学的开展。

3. 以移动教学 APP 教学为主的云课堂教学模式

移动教学 APP 的在线课堂主要就是针对教学来设计的。在课前可以帮助教师整理和收集资源；在课中，可以帮助教师收集学生数据，对学生进行考核和诊断性评价；在课后，更是能够帮助教师增进与学生的沟通，了解教学效果。

（二）基于移动教学 APP 的云课堂特点

基于移动教学 APP 的云课堂具备了六大特性。

（1）学习形式的移动性。移动教学 APP 就是一个可以移动的互联网课堂。它不受教学场地和时间的限制，甚至不受网络环境的限制，只要缓存过资源就可以随时查看、随时学习。

（2）学习的泛在性、人性化。只要手机内或者其他移动设备内下载了移动教学 APP，无论用户是否是在校学生，或者无论用户是什么样的工作情况和学习情况，都可以公平地查看平台内的所有资源，可以随时随地凭自己的喜好来开展学习，使个性化学习在移动教学 APP 上淋漓尽致地展现。

（3）学习的碎片性。学习者通过移动教学 APP 可以合理分配自己的学习时间，将学习内容化整为零，进行碎片化学习。

（4）学习过程的交互性。移动教学 APP 在技术上和教育内容上都赋予了学习过程的交互性。

（5）学习资源的丰富性。移动教学 APP 的云课堂教学资源更加丰富，并且更新速度快，信息获取的维度更加广泛，让学习者不用为专业课程资源的获取而担心。

（6）信息传达的即时性。移动教学 APP 的云课堂信息和平时手机 APP 上的其他软件一样，每当有消息或者有资讯更新时，都会提示用户查收，方便用户阅读和浏览，不用担心遗漏信息。

随着信息技术的发展和时代的进步，教育对应作出改革势在必行。在教学当中，教育者要时刻把握住教育的时代性，并且时刻以学生为中心来开展教育工作。

第二节　互联网时代思政课"慕课"教学模式

一、"慕课"教学模式概述

（一）"慕课"教学模式的产生背景

1. 教育全球化、信息化的需要

在"互联网 +"时代，大数据、网络、全媒体等信息已经渗透到当代大学生的思想、学习、生活中，这为高校的人才培养工作提供了新的契机，同时也让高等教育面临着新的挑战。大力发展"互联网 +"教育，促进教育信息化和现代化的发展，已成为我国教育事业发展的一项重要内容。中共中央、国务院于 2019

年 2 月印发《中国教育现代化 2035》，其中提出了"加快信息化时代教育变革"，[1]
这成为我国教育现代化的十项重大战略任务之一。当前教育者、学者们关注的焦
点为如何有效地运用信息技术来推动教育教学的改革创新，探索"互联网 + 教育"
的新模式、新路径、新载体等。在信息化和教育全球化的大背景下，"慕课"是
近年来出现的一种新型的在线开放教育。

在 2013 年上半年，"慕课"首次引入中国，并在各大高校进行试点建设，取
得了一些成效，对促进我国各大高校教育信息化的创新发展起到了重要推动作用。

2. 思政工作、思政课发展的需要

在很长一段时间里，高校学生对思政课程的认识都比较单一，认为其枯燥乏
味，对思政课程的学习兴趣不高、学习效果不理想。从某种程度上来看，思政课
的教学地位和教学成效存在脱节现象。当前，高校的大学生基本上是"00 后"一
代，他们成长于互联网时代，在他们的日常生活中，网络交友、网络学习、网络
购物非常普遍。将信息化技术与课程教学进行深度融合，从而使思政课的吸引力
和实效性得到有效提升，这是思政课课堂转型的机遇，也是教学改革的一个重要
切入点。"慕课"是将传统课程资源与现代教育技术有机融合的一种教学模式，
它可以将互联网上的在线教学的优点发挥到最大，将在线课堂打造成一个师生互
动、资源共享的平台，从而达到多个教学空间优势互补的效果，使得学生和教师
的网络学习能力不断得到提高。

（二）"慕课"教学模式的含义及特点

1. 慕课教学模式的含义及特点

"慕课"即英文 MOOC（Massive Open Online Course）的音译，它不仅指
某门具体的视频课程，还包括与之配套的在线课程资源和在线教学活动。"慕课"
教学模式的特点如下：学习人数众多、教学资源平等共享、课程结构相对完整、
教学过程及时反馈、学习方式灵活个性、教学数据实时监控、教学互动双向平等。

与传统课堂教学模式对比，"慕课"注重教学角色中的双向互动、平等沟通，
更加突出求学者的主体地位和突破学习方式的时空界限；与精品课程对比，精品
课程重建设，轻运用，重在教学资源库建设，以静态方式展示课程资源。"慕课"

---

[1] 高晓清. 中国教育现代化 2035 政策追踪研究 [M]. 长沙：中南大学出版社，2019.

不仅涉及制作课程资源，还注重教学技术与互联网技术结合，以动态方式共享课程资源，实现教学过程的互动参与；与微课对比，微课与"慕课"都以微视频为载体，但在规模和系统性上有区别，微课是微型或微小课程的简称，"慕课"是大规模在线开放课程，更加注重教学内容的系统性和完整性。

2. 思政课"慕课"教学模式的含义及特点

高校思政课"慕课"教学模式是结合思政课的课程性质和特点，利用"慕课"的在线课程资源和信息化教学技术，对教学内容、教学方法、教学实施、教学评价、教学主体等方面进行改革创新，从而提升思政课教学实效性和针对性的一种新型教学模式。高校思政课在"慕课"教学模式下开展教学，与以往思政课教学相比，在课程属性、总体目标上区别不大，都必须严格遵循国家和党的教育方针。二者之间主要在教学组织方式方面存在差异。高校思政课"慕课"教学模式的创新目标是在现有的教学模式基础上有所突破，将"慕课"的优势内涵融入思政课教学模式中，从而形成多元化教学模式创新路径。

目前，高校思政课采用"慕课"教学模式主要有两种方式：一是完全通过网络平台开展教学活动，包括网络学习、网络考试、网络成绩认定；二是采取混合式教学开展教学活动，实现线下课堂教学与线上"慕课"教学的深度融合。当前国内学者将混合式教学普遍定义为传统课堂和在线教学的结合，在建构主义理论的基础上，结合思政课的教学目标，灵活应用多种教学方法，借助课堂与网络两个平台，让学生在合作沟通中实现对知识的深入理解，充分发挥学习主体性，实现课堂教学与线上"慕课"教学的深度融合。

二、"慕课"与传统思政课比较

新时代的思政教学要想让学生们感动，让思政课走进他们的心中，就必须要增强思政课的实效性、时代感、亲和力以及学生们的获得感，让思政课不再是单纯的理论教学和说教教学，要将新的教学手段、媒介与思政课相结合，利用当前的互联网技术以及融媒体技术等学生喜爱的方法和技术融入思政课中，在保持思政课育人的同时，借助于"慕课"的新手段，对思政课进行改进。

（一）思政"慕课"与传统思政课的区别

"慕课"是一种新兴事物，要想让其促进思政课教学改革，将其优势发挥到思政教学中去，就要分析"慕课"与传统思政课的区别与联系，继而分析这种区别的利弊、如何发挥不同之处的革新作用来进行思政课改革和思政课教学。剖析比较思政"慕课"与传统思政课，两者至少存在以下几个方面的区别值得研究。

1. 时间和空间上的差异

传统的思政课中，学生需要在课堂上完成一堂课，师生之间以每周相聚的形式开展思政课教学；思政"慕课"采用的是"碎片化"的教学模式，学生们可以在一台电脑上或者一部手机上进行课程的学习。思政"慕课"虽然不像传统课堂那样有"仪式感"，但学生可以选择自己认为最适合的、最舒服的地方，比如宿舍、家里，甚至咖啡馆等进行"慕课"学习。

2. 教学核心上的差异

以思政课的公共课特性和思政课课程本身的政治理论的严肃性为基础，传统的思政课堂在教学环节中一般以教师为核心，教师对教学的过程进行主导，以教师讲授为主，虽然其中也不乏一些讨论或者小组活动，但其最终的落脚点还是对理论的阐述。不仅如此，由于课程本身的严肃性，学生在思政课上也往往表现得很严肃，也许是因为大班教学人比较多或者对于理论的敬畏，学生参与课堂讨论远不及专业课那么积极。"慕课"利用科技的优势，避免了面对面交流的"尴尬"，让学生们一边观看"慕课"资源，一边在弹幕上发表自己的看法，学生们在课堂上可以自由地发表自己的看法、参与讨论，从某种意义上来说，这也是一种以学生为中心的教学模式。

3. 教学主体上的差异

传统的思政课有明确的大纲和教案，它假设学生处于一种蒙昧或对相应知识一无所知的状态，教师通过其理论储备向学生传播、灌输理论知识。教师在讲课的时候，一方面是教授知识，另一方面也是为学生解答问题。如果学生没有提出问题，那么教师就无法了解他们对于理论知识的掌握程度。因为技术的引入，"慕课"使得教师可以在线上讲或讨论的时候，同时接收到学生提出的问题。教师可以一边查看各种反馈，一边对整个教学过程进行规划和调整。有的问题学生特别感兴趣，学生希望多听，教师就可以安排在后面的教学内容中多讲；有的问题学生可能手里有更好的佐证资料，就可以在"慕课"系统上共享，真正做到以学生为主体，改变思政课教学的"供给侧"，提供学生所需要的内容。这种主体的转换也改善了思政教学中师生的人际互动。

4.培养目标上的差异

传统的思想政治课程强调在课堂上教师不仅要传授理论知识，引导和帮助学生树立正确的理想信念，树立"三观"，更重要的是要增强学生的个性，提升学生的人格魅力。而这一点，离不开教师的言传身教。"言传"教学，比如理论教学和立德树人教学可以通过思政"慕课"收获较好的成果，但缺少一个"身教"的平台。"身教"必须要通过面对面的交流才能实现，而不能通过电脑、手机等远程技术来实现。

5.评教体系上的差异

传统的思政课教师评价制度（部分高校称为"评教"体系），是一套独立的标准，与专业课程和其他公共课程不同。就拿天津科技大学为例，"'两课'教学质量学生评价指标"是其思政课教学质量学生评价指标标准的重要基础和前提，评价体系在此基础上产生和发展。其中不仅包含了教学态度、教学内容、教学方法、教学效果等普通高等院校的课程评价标准，还包含一些独特的标准：将社会的热点问题有机地融入课堂教学之中，重视对学生心理、思想、情感的启迪和引导，帮助学生形成正确的世界观、价值观、道德观等。思政"慕课"的评价标准肯定与之前不一样，它不仅包括了一个或者多个教师的教学态度、教学效果、教学内容和对"慕课"的印象，还包括了对"慕课"的制作效果、交互效果、互动效果、界面是否友好等方面的评价。

6.载体上的差异

传统的思政课都在特定的课堂上进行，没有固定的载体可以在特定的时间内进行回放和复习。所以，在传统思政课中，如果遇到学生请假缺勤，或者在期末对一学期中的某个问题、某一点不明白，想要重新听一遍老师的讲解的时候，就只能寻求这位老师的帮助，进行重复讲解，或者在课上用录音笔等设备录下来进行之后的学习，但这种方式不太方便，不具备持续性。

在实际生活中，常常会发生这样的事情：一道题，希望听到教师再重新讲一遍，但是，如果学生羞于提出这个要求，一般就很难听到教师对于这个问题的再次讲解。思政"慕课"是通过技术手段，把每一节思政课都记录在网上，让学生们可以在网上收看收听，这样的话，学生们就可以在放假的时候去补课，也可以在课后温习。教师也在课余时间对自己讲课中存在的问题进行回放，从而对自己讲课中存在的问题进行改进，以持续提高思政课的教学水平。

（二）"慕课"与传统网络公开课的差异

"慕课"是不同于传统网络公开课的，虽然这两者有一些相似之处。"慕课"是一个完整的教学过程、一种融媒体和"互联网+"融合的教学方式，但是传统课堂如课堂讨论、课堂问答、课后作业及测验等环节慕课丝毫不会缺少。"慕课"建立起一套系统完备的学习过程管理、质量监控、成绩评价体系，作业通常采取主观题教师在线评、客观题机评的模式来批改，成绩由课堂参与在线听课互动、课后作业和期中、期末机考测试等组成。而网络公开课仅仅是录下来上课的一部分实况，以便更多的人在其他时间观看录像，其他人再看到的就是录播而非直播，往往也不具备课堂交流等交互环节和课后作业环节。

三、"慕课"在思政课教学中的作用

（一）弥补传统思政课课堂教学的不足

当前，传统的思政课教学在国内大多数普通高校中都是以大班教学为主，将四到六个教学班合并在一起进行教学，几百余名学生一起上一节思政课。这样的教学一般都是在大型的阶梯教室中进行，一位思政课教师在讲台上努力地讲课，教室里坐着几百个学生，教师要通过扩音器把声音传到每一个学生的耳朵里。而通常情况下，坐在后排或者边上的学生要想看到大屏幕上的课件，或者是教师的板书，都会觉得很吃力。如果大教室一侧没有屏幕，那么学生只靠看教室前方黑板旁边的大屏幕，往往看不太清楚。

"慕课"则可以很好地解决这一教学形式的问题。还是以一个年级至少一两千学生为例，一门思政课通常配有至少四名思政课教师。一个不争的事实是，一个教师同时管理几十个学生的教学效果，远比同时管理一两百甚至更多学生的效果好。如果是小班面授和"慕课"相结合，让一名思政课教师在一个小教室里进行面对面授课，因为有着科学的师生配比，思政课教师就会有更多的时间来观察每一名学生的表现，不仅能够正常地进行交流和提问，而且能够很容易地进行问题讨论、角色扮演、翻转课堂等活动。同时，还有一些学生在机房、宿舍通过终端来进行听课，通过"慕课"远程同步在线直播的形式面对屏幕中的老师，可以清晰地看到老师讲课的动作和表情。

与此同时，教师还可以采用一些新颖的教学方法，如让学生们通过一些年轻人喜欢的"弹幕"形式来提问，让教师们和正在上课的同学们在课堂上及时地回答"弹幕"中的问题。在在线"慕课"的过程中，教师还可以设置一些"关卡"来增加它的趣味性，例如，上课的时候会弹出一个小问题，或者在课堂上点击一个积分箱来获得积分，又或者在每一堂课的最后，都会有一个积分的抽奖机会；此外，为了调动学生的积极性，教师还可以设置一些参与度排名榜之类。

综上所述，通过"融媒体＋慕课"的形式，教育者可以有效地改善传统思政课课堂教学中存在的缺陷。通过"慕课"，学生可以很容易地完成互动、讲解、反馈、交流、问题解答等环节。

（二）解决了思政教育公平问题

一个学生如果想听一节其他名校的思政"慕课"是非常容易的，只需要支付极其廉价的学习成本或者零成本就可以实现。这极大地打破了教育资源的壁垒，更有益于缩小地区教育差距，实现教育公平。毕竟思政课关系着培养什么人的问题，全国范围内各级、各类大学生都应该接受优质的思政教育，补精神之"钙"，为成为担当民族复兴大任的时代新人提供思想基础。

（三）实现思政课课程考核

课程考核是一门课重要的一个环节，也是一门课"教"与"学"状况的反馈。课程考核可以加强学生对一门课的重视程度，备考的过程也是学生对一个学科的知识进行集中梳理的过程。当前思政课改革提倡更加注重过程，实现从教材体系向教学体系的转化。"慕课"可以做到将这门课学生学习的每个环节"留痕"，比如登录出勤都会有所记载，记录学生在某时某刻在线学习了这门课，以及在其中进行了哪些互动环节，一个学期提交了几次作业和测验。这样考核平时成绩比课堂点名抽查更为科学，点名只是点到学生出勤与否，而"慕课"的过程痕迹化管理使教师不仅了解学生有没有在线出勤，而且了解到其整个学习过程。课后作业和测试在慕课系统提交，既便捷又便于系统自动批阅成绩、记入平时成绩，真正实现客观公正的过程考核。而且批阅后的作业可以很迅速地反馈给学生，不像传统思政课期末交了作业师生基本就不再见面，并且解决了一个教师一学期教几百人，作业很难返回到学生手中的问题，毕竟思政课理论传授和培育人才是最终目的，在这个过程中作业的订正其实是至关重要的。

这种过程考核的方式会使学生更加注重学习思政课的整个过程，而不仅仅是期末考试这个最终结果，注重过程才会沉浸其中，沉浸其中才有可能真心喜爱、终身受益乃至毕生难忘。

四、"慕课"对思政教学的新要求

（一）对思政课程提出了更高的要求

"慕课"改变了传统课堂思政课教学"我讲你听"的模式，在"互联网+"融媒体的背景下，学生随时随地可以借助科技媒介学习思政课。但是随时随地可以学习思政课，并不等于学生随时随地想要学习思政课。"慕课"是一把双刃剑——如果学生本身对思政课感兴趣，"慕课"借助手段的创新，使思政课学习讲授与视频、媒体融合而"声情并茂"；如果学生本身对思政课并不感兴趣，而是迫于老师的督促和签到的压力去课堂，那采取"慕课"的方式就会给学生逃课以可乘之机，他们可以"灵活"地打开"慕课"界面，然后做其他的事情。所以，实施"慕课"教学的前提是要提高思政课的吸引力和学生的获得感，使学生至少是大多数学生认同并愿意上思政课，这样才能保证他们在教室外、屏幕前能够主动地听课并完成学习。这就需要思政课本身更加贴合学生的实际，更有时代感，使学生自主自愿地坐在电脑前参与思政"慕课"的学习，这就对思政课的吸引力提出了更高的要求。

（二）对思政教师提出了新要求

从传统课堂向"慕课"教学转变，从线下数百人的大教室向网络或移动互联网线上转变，对已经在传统课堂上进行了多年教学的思政课教师而言这种时空上的转变，需要教师及时跟上技术的发展，并不断适应自身角色的转变。这就给传统思政课教师提出了新的要求。

第一，思想政治教育工作者应在打好自己的专业课程的基础上，熟练运用"慕课"所需的技术。一方面教师需要讲好思政课，另一方面教师还需要具备在线回复学生问题、对学生讨论进行回应、对测验可以随时发布、对课件及相关视频进行发布、在线对小组作业进行布置并进行跟进指导等能力。鉴于此，教师在镜头面前需要能够自如地讲课、熟练地使用"慕课"软件，同时还需要对一些配套的辅助软件的使用有所了解，比如视频、抖音、剪辑软件等。对某些"80后""90后"中、青年教师而言，这种媒介素养的新要求不会很难达到，但是对那些不擅长融媒体应用的老一辈教师而言，这却是一项艰巨的任务。

第二，在思想政治教育中，教师要正确处理好思想政治教育"线上"和"线下"之间的关系。"慕课"教学在很大程度上弥补了传统思政课的缺陷，但我们也要时刻铭记思政课的育人性，不能太过执著于各种科技手段，忽略了内容本身，忽略了思政课的育人性。再先进的技术、再精彩的视频，也无法代替理论的准确性和透彻性。思政课教师立足的根本永远为：一是良好的课堂讲授能力，二是得体的教风、教态，三是扎实的理论讲授基本功。只有以此为基础，才能实现传统课堂与"慕课"、线下教学与线上教学的相互补充、相互促进。

（三）对学生提出了新要求

普通高等院校思政理论课一般都是在大一、大二，也就是低年级大学生中开展。低年级大学生迈出高中校门时间不长，一些学生还习惯于我国中小学长期施行的政治课应试教学模式。很多学生本身对学习思政课并没有真心实意地兴趣，只是迫于考试和学分的要求，他们习惯于中学政治那种教师盯着学、看着背、反复督促的学习模式。一些学生在教师的不断监管下，高考或者会考的政治科目也能取得一个较好的成绩。如果在普通高等院校思政课中实施"慕课"教学，就需要学生有较强的自主学习能力，至少具备能够按时登录并观看完课程的自觉性，并且完成课后作业、讨论等环节。这对于国内相当一部分普通高等院校大学生来说，并不是一件容易的事情。他们可能一开始出于好奇可以按时完成课程，但是坚持一学期自主观看、自主完成作业就需要一定的定力或者辅助手段。

五、"慕课"在思政课教学中存在的问题

（一）"马太效应"问题

以往的思政课，学生在哪所普通高等院校，就上哪所普通高等院校的思政公共必修课，无从选择也不会刻意去对比，就是按部就班一学期上一门思政课，每周固定时间去固定教室见固定的教师，完成课业。引入思政"慕课"后，学生可以在电脑上或者移动互联网上观看"慕课"学习资料，以及完成一系列和课程有关的作业或者互动行为。近几年融媒体迅猛发展，网络上各种资源数以万计，大数据以我们想象不到的方式，又自然而然的作用于每一个"触网"的人。至今，普通高等院校思政课都拥有知名高等院校制作的思政"慕课"在线课程，仅清华大学学堂就有整个思政课程的全部内容。那么在学生观看本校思政"慕课"的同时，大数据会在电脑上推送一些全国马克思主义理论或者哲学社会科学顶尖的普通高等院校的相关"慕课"。如学生在电脑前观看本校的一节"思想道德与法治"的"慕课"，互联网或者移动互联网就会马上推送过来全国的大学主讲这门课的名师课程。"慕课"环境下学生可以打破学校学籍的界限，实行全网环境自由对比选择，毕竟我们不可能也不应该阻止学生选择对他们有帮助的课程。这就会形成"马太效应"，名校的思政"慕课"会越来越受欢迎，而普通高等院校的思政教师将原本的课堂教学延伸至线上制作、或者直播的"慕课"就可能不被学生所青睐。

（二）"慕课"新教材问题

思政"慕课"虽然形式标新，操作起来令学生喜欢，符合年轻人的阅读、观看习惯，在极大程度上体现了时代性的特征，但究其本质仍然是思政课而非某个娱乐节目。因此，形式可以大胆创新，但是思政课的育人功能不能改变，必须结合思政课课程改革和教材改革的趋势，做好新教材进入思政"慕课"课堂，继而做学生教育的工作。

（三）"言传"与"身教"结合的问题

思政"慕课"虽然弥补了传统思政课师生比例、情感疏离、缺乏过程考评等方面的不足，具有一定的优势，但是存在一个明显的短板，就是由于师生通常是

不见面的，解决不了思政课教师思想教育与言行育人的"身教"问题。思政"慕课"纵然千好万好，但是学生见不到老师，无法接受教师本身"行为示范"的感化，这不得不说是一个缺陷。我们通常评判一个优秀的思政课老师的标准不仅仅是将理论讲准、讲透，还要以身作则传播正确的"三观"，要对学生个体予以关注，注重对学生心理、情感、思想的启迪和引导。教师本身的格局、大爱、包容、宽厚乃至勤勉和学识都构成了一名思政课教师的"人格魅力"，这种人格魅力和其传授的知识及理论一样能起到育人的效果。而且随着时间的推移，理论有些可能会被学生遗忘，但是一名好教师的人格启迪是可以铭刻在大学生人格养成过程中的。比如天津师范大学退休的思政课教师王辅成，退休后不遗余力为学生宣讲马克思主义科学理论 1320 余场，听过他宣讲的年轻人说，他讲"三观"，能把人讲哭了，他有一批粉丝，他讲到哪里，他们跟到哪里。这种"讲哭"和跟随的原因，不仅仅是内容撞击了学生心灵，也包括教师的人格感染。这种人格育人的"身教"作用，是隔着电脑或者手机屏幕的思政"慕课"难以达到的。

六、"慕课"在思政课教学上的应用路径

（一）构建优质化教学资源

1. 合理利用政治教学资源

由于高校思政课学科所具有的特殊性，思政课成为对大学生进行思想政治教育的主要途径，因此，教育者一定要坚守思想阵地。第一，对政治教育资源进行合理的使用，对"慕课"资源进行合理的选择，并对其进行适时的更新与替换，使其与党情国情相契合，与时政热点紧密相连；第二，对"慕课"的内容进行有效的监管。在引进思政课"慕课"资源的过程中，学校应该建立起一套严格的审核制度，教师在选择"慕课"资源的过程中，要正确引导学生的舆论导向，实现教育资源的共享，维护意识形态的安全。

2. 开发特色"慕课"教学资源

在整合与开发思政课"慕课"教学资源的过程中，教育者应注意促进校、地、企的共建与共享，整合并开发出具有地方、行业特色的课程资源，使学生把对党的理论认识、思想理解与自身的人生经历、职业规划相结合。第一，选取地方文

化和行业文化建设中有代表意义的个案。第二，挖掘特色内容，弘扬地方文化和行业文化的精神，进行专题内容的挖掘。例如，由贵州交通职业技术学院自主开发的"慕课"课程——"思想道德修养与法律基础"中一共设计了包含贵州交通红色文化在内的七个知识点，让学生对贵州交通的发展有了深刻的认识，同时深化了学生在交通精神上的行为认同、情感认同、思想认同。

3.充分发挥公共图书馆的作用

作为融媒体时代的信息来源，图书馆必须与思政"慕课"相结合，充分利用与人类智慧有关的馆藏资源，为思政"慕课"服务。比如，思政"慕课"中的中华民族传统美德部分，可以利用诸子百家与传统文化有关的馆藏资料来教授中国传统美德；思政"慕课"的弘扬中国革命道德部分，利用有关抗日战争和解放战争的文献资源，开展宣传中国革命性的思想政治教育课程；思政"慕课"的在线课程、在线课堂以及在线资料中将与之相关的图书馆资料以及电子图书馆的相关资料链接引入其中等。在思政"慕课"中，普通高等院校图书馆发挥的作用是精英教育，主要对象是普通高校中的大学生思政课教育；社会公共图书馆发挥的作用是大众教育，主要对象是全民或者社会公众的思政教育。

另外，教育者还可以通过图书馆的网络资源，建立思政"慕课"资源的网上检索平台。现在，全国有上万门"慕课"，参与学习的人数超过了两亿人次。怎样才能让学生，或是想要学习思政"慕课"的人在如此众多的"慕课"中找到与自己最相配的课程，这就需要图书馆建立一个便捷易用的检索平台，并充分发挥其助力大众终生学习的功能与作用。

伴随着融媒体技术的不断进步，数字阅读已成为大众尤其是青年人最普遍使用的一种阅读形式，许多人已养成了碎片化的阅读习惯。图书馆为大众提供的"慕课"检索平台应该尽可能与大众的阅读习惯和检索习惯相吻合。

（二）组建特色类教学载体

1.合理把握"慕课"平台的运用

"慕课"在高校思政课程中的教学模式一般是混合式教学，即把传统的学习方式和网络学习的优势有机地融合在一起，实现课前、课中、课后三个阶段的有效融合。首先，课前进行提前预习。在课前，教师利用"慕课"平台将教学目标、教学重点、教学难点等信息发布出来，学生利用"慕课"平台对教学内容可以有一个初步的了解，教师在课下对学生的预习过程中出现的问题进行重点讲解。其次，在课中进行深入的教学。教师和学生利用"慕课"这个平台，对"慕课"中的知识点进行精炼，加深对课程内容的理解，并利用"慕课"平台，开展上课签到、在线讨论、问卷调查和反馈等活动，增强学生学习的兴趣。最后，强化课后的反思。在"慕课"教学平台上，教师们将学生在测验中出现的问题展示出来，让学生修改课前预习的问题，从而进一步完善自己的知识体系，梳理知识体系。

2. 选择和开发多样化"慕课"平台

目前，我国高校思政课"慕课"平台主要是利用手机上的应用软件来实现线上学习与线下课堂的互动，而对教学信息的掌握则是由教师本人来完成。学校应积极开发多种形式的"慕课"平台，如：手机移动 APP 课程管理平台、教学监督平台，只有这样才能保证学校教学管理者、教师、技术开发人员三者之间可以对教学信息进行高效交流。

（三）优化教学互动方式

1. 进一步突出学生的主体地位

"慕课"教学模式的显著优点既体现在共享的在线课程中，又体现在以学生为主体的教育理念上，借助教学技术创新，"慕课"教学模式实现了教与学关系的重建和师生角色的转换。从"先教后学"向"先导后学"的过渡，要求教师不仅要在教学中作为传授者，更要在教学中成为学生的引导者和帮助者；借助多样的教学方式让学生主动参与到教学的过程，让学生的"学"成为教师的"教"的前提和基础，不断激发学生的学习兴趣和积极性，让教学活动成为教师以及学生互动参与的一种活动过程，建立一种平等、民主、合作以及共同参与的新型的师生关系。

2. 促进师生之间的心理认同

在"慕课"教学中，高校思政课老师必须在一定的社会情境下对学生的情感、认知、思维等方面的变化有一个全面的认识和了解，这样才能更好地理解和把握学生的真实需要，并对教学模式进行及时的调整。第一，学生的体验应该作为重要关注点，教师在借助"慕课"平台开展互动式教学、探究式教学、分享式教学的时候，应该在课前设置一些可以在课堂中进行展开研究的问题，同时在课后设置一些互动的环节，通过这些活动增强师生之间的了解，实现师生双方的心理认同。第二，教师在"慕课"平台上对学生的学习行为进行实时监测，并对这些数据进行分析，从而发现学生在学习中的规律、行为倾向和存在的问题，从而有针对性地制订出相应的教学策略。

（四）完善课程管理机制

1. 打造思政课"1+N"信息化教学队伍

思政课"1+N"信息化教学团队的建设工作中，思政课教师为主体力量，主要教学团队由课程平台技术团队、"慕课"教学辅助团队、教学质量监测团队组成。对于"慕课"教学团队来说，学校应该进行积极引导，让其树立起现代信息技术与教育教学不断深入融合的教学理念，不断提升其技术应用的水平，同时还要建立起对"慕课"教学团队的相关激励机制。在考核中，不仅要考虑教师对"慕课"的完成情况，还要考虑教师对"慕课"教学的组织情况和教学行为，根据教师在线时间、课程内容、网上交互、学生浏览次数等因素，给予教师适当的奖励，以此来提高思政课教师对在线教学的热情和积极性。

2. 构建交互联动的监督管理平台

在资源建设、技术运营支持建设、网络基础设施建设等方面，学校应加大投资的力度，建立起一个可以交互联动的监督管理平台，实现教学监督管理的交互联动。例如，贵州交通职业技术学院已经在学校的每一个区域都实现了无线局域网的覆盖，在思政课上，"慕课"主要呈现载体为手机APP，并且建立了与之相对应的网页教学管理平台，教师能够对每个学生的教学数据进行实时监测。同时学校成立教学质控办，把手机应用程序和网络上的教学管理平台都连接到学校的教学质量监控系统中，让学校的管理者能够对"慕课"的教学数据进行实时的监测，从而保证教学行为的科学性与规范化。

"慕课"是一种新型的信息化、数字化、网络化教学模式，它将大大提高高校思政课教学的信息化、实效性。在思政课的课堂教学中运用信息化教学技术和"慕课"的课程资源，可以实现对思政课教学内容的丰富、教学形式的创新、教学流程的优化、教学角色的完善、教学效果的优化，不断提升师生在互联网时代利用网络进行学习的能力，并且还能激发学生学习的积极性和主动性，让思政的教学与时俱进、因势而新。讨论"慕课"在思想政治课程中的运用，并非要"慕课"彻底替代传统的课堂，而是要扩大其自身的优势，扬长避短，发挥其应有的作用。吸收"慕课"的教学优点对传统思政课的教学效果进行改进和提升，其本质就是运用新的教学理念和教学方式对思政课进行创新性的改革，从而更好地发挥思政课立德树人的课程属性、实现育人目标。在一定程度上，这是对传统的高校思政课课堂进行二次创新。

第三节　互联网时代思政课"翻转课堂"教学模式

一、翻转课堂的起源与发展

翻转课堂的起源与发展经历了萌芽产生期、缓慢发展期和快速发展期三个时期。

（一）萌芽产生期

19世纪早期到19世纪结束，是翻转课堂的萌芽时期。翻转课堂理念始于美国高校的教学研究与实践，当时西点军校的西尔韦纳斯·塞耶（Sylvanus Thayer）将军采用了一套新的教学方法。他在教授工程专业的学生时发现学生很难完全掌握与工程相关的知识点，于是开始转变教学方式，即准备好学习资料让学生自己在课下自主选择时间进行学习，学生回到课堂上便不再以教师讲授为主，转而开展不同的教学活动，以小组解决问题和开展批判思维训练为主。这种教学形式已经具备翻转课堂的基本理念，即翻转课堂思想的起源。

直至1991年，埃里克·马祖尔（Eric Mazur）创立同伴教学模式，他认为教育的目标应该是建构学生能够自我学习的环境。埃里克·马祖尔是哈佛大学的物理学教授，他在教学过程中同样发现学生对于基础物理的基本概念有错误性的认识，于是他改变传统教授的方式，把知识传授放在课前，课堂上则通过小组同伴讨论，清楚理解了概念的学生可以通过讲解让小组内其他人也了解这个概念，这样就在学生与学生的互动学习中实现了知识的内化和吸收。埃里克·马祖尔通过数据证明采取这种教学模式，学生概念掌握的正确率增加了一倍。

2000 年，美国莫琳·拉赫（Maureen Lage）、格伦·普拉特（Glenn Platt）和迈克尔·特雷利亚（Michael Treglia）等几位教授在迈阿密大学讲授"经济学入门"课程时采用了一种新的教学形式：让学生在家或者在实验室观看讲解视频，在课堂上以小组形式完成家庭作业。这种教学模式已经具备了翻转课堂的基本形式，但是，他们没有提出"Flipped Classroom"（翻转课堂）或"Inverted Classroom"（颠倒课堂）的相关名词或概念。正式提出翻转课堂教学模型的是韦斯利·贝克（J.Wesley Baker），他在第十一届大学教学国际会议上发表了论文《课堂翻转：使用网络课程管理工具（让教师）成为身边的指导》。在论文中，贝克提出了翻转课堂的模型：教师使用网络工具和课程管理系统，以在线形式呈现教学内容并分配学生的家庭作业。在课堂上，教师有更多的时间深入参与学生的主动学习活动和协作。贝克的论文使翻转课堂获得较高的关注，并且掀起了大学实施翻转课堂运动的第一次浪潮。

（二）缓慢发展期

2000 年至 2011 年是翻转课堂的缓慢发展期。2006 年，美国林地公园高中科学学科的两位化学教师乔纳森·伯格曼（Jonathan Bergmann）和亚伦·萨姆斯（Aaron Sams）在教学中发现一个很普遍且严重的问题，有些学生由于各种原因跟不上教师讲课的节奏，还有许多学生由于太过忙碌而缺课，从而跟不上学习进度。为了尽可能解决这些问题，2007 年春天，乔纳森·伯格曼和亚伦·萨姆斯开始使用屏幕捕捉软件录制演示文稿的播放和讲解。他们把实时讲解和 PPT 结合的视频上传到网络，以此帮助缺席的学生补课，给予学生极大的自主性。不久，这些在线教学视频被更多的学生接受并广泛传播开来。两位教师顺势而为，逐渐以学生在家看视频、听讲解为基础，节省出课堂时间来为在完成作业或做实验过程中有困难的学生提供帮助，经过测试他们发现在这种情形下学生的考试成绩不断提高。尽管他们没有正式提出"翻转课堂"的术语，但这种教学模式被媒体冠以"Flipped Classroom"（翻转课堂）报道之后便迅速传遍美国乃至全球，之后"翻转课堂"便正式成为术语。

萨尔曼·可汗（Salman Khan）是翻转课堂里程碑式的人物，2006 年他开始使用一些简单的录屏软件、写字板录制视频，并上传至 YouTube，以帮助远在美国南部新奥尔良的表亲学习数学。不曾想这些视频却在 YouTube 网站上广泛传播开来，这极大地鼓舞了萨尔曼·可汗，之后他便一直坚持录制视频上传，非营利性的"可汗学院"（Khan Academy）网站在 2007 年成立。可以说萨尔曼·可汗已经在无意中掀起了一场轰动全球的教学革命。现如今的可汗学院除了简单的视频授课，还提供在线练习、自我评估、进度跟踪等学习工具。

（三）快速发展期

从 2011 年至今是翻转课堂的快速发展期。2011 年，萨尔曼·可汗在技术·娱乐·设计（Technology Entertainment Design，简称 TED）大会上的演讲"用视频重新创造教育"引起全球教育工作者对翻转课堂的高度关注。在这场演讲中，萨尔曼详细阐述了翻转课堂的起因、内涵以及可汗学院的具体做法，比尔·盖茨更是赞誉萨尔曼·可汗"预见了教育的未来"。[①] 加拿大著名媒体《环球邮报》在 2011 年 11 月 28 日刊登的文章《课堂技术发展简史》中指出，2011 年影响课堂教学的重大技术变革则是"翻转课堂"。"电子校园新闻网"是美国著名在线教育媒体，翻转课堂是其评选出的"2011 年十大教育技术事件"之一。

2011 年 7 月，美国召开了第一次翻转课堂大会，目的是对翻转课堂进行深入探究并给出全面的解释，该会议明确规定了教师作为课堂指导者的地位。

次年 4 月，美国于科罗拉多州再次举办翻转课堂大会，讨论翻转课堂的本质，这一次与会者更为清晰地描述了翻转课堂教学模型图。与此同时，加拿大、澳大利亚、新加坡等世界其他国家的学校也先后进行了翻转课堂的教学改革试验，翻转课堂在全球范围内得到推广。翻转课堂在一定程度上适应了国际教育改革的潮流，为我国高校教学改革提供了可参考的方向。

二、翻转课堂的内涵

"翻转课堂"这个词来源于英语中"Flipped Class Model"这个词，又叫"反转课堂教学模式"，简称为翻转课堂、颠倒课堂、反转课堂。目前，学术界对"翻转课堂"这一概念还没有形成共识。乔纳森·伯格曼在美国科罗拉多州举行的 2011 年度翻转课堂大会与众多与会者一道为翻转课堂进行了概念的界定。这些学

---

① 于晶. 大学英语课堂环境构建理论探究 [M]. 长春：吉林人民出版社，2017.

者认为：因为翻转课堂所创造的环境，师生之间的互动更加广泛，师生之间的接触更加深入；翻转课堂营造了一种具有个性化的教学环境，这种环境中的学生可以得到个性化的教育，学生对自己的学习负责，以此来不断提高自己的积极性和主动性，将以往的教师主导课堂的情况进行了改善，让学生成为学习的主导者，成为课堂的主体，这是一种将直接讲授和自主学习相结合的教学模式。这一定义对翻转课堂的概念进行了准确定义，实质性地探讨了翻转课堂的内涵。

从一般意义上讲，学生的学习过程大致可分为两个阶段：第一个阶段是传授知识的过程；第二个阶段是吸收、消化的过程，也就是知识的内化过程。虽然这两个过程不能进行严格的划分，但是从整体上来看，应该是优先知识传授和知识感知的过程，之后才是知识内化和知识深层次理解的过程。翻转课堂与传统教学相比，它的一个重大变化是：在教学过程中先知识感知后课堂讲授。

目前，从整体上来看，学术界对翻转课堂内涵的定义包括了在课前，学生通过观看教学视频进行自主学习——提前预习知识；中间的课堂教学环节——学生提出问题，与教师和同学进行交流；课后与同学们共同复习所学知识。

三、翻转课堂的教学模式

从翻转课堂兴起至今，在国内外的实践中涌现了众多典型的教学模式。系统梳理这些典型翻转课堂教学模式的内涵设计和具体运用实践，有助于进一步推进军队院校翻转思政课堂的教学实践。

（一）翻转课堂的基本模式

以下六种典型翻转课堂教学模式为相关研究和实践提供了重要的借鉴和参考。

1. 拉姆齐·穆塞莱姆翻转课堂模式

拉姆齐·穆塞莱姆（Ramsey Musallam）教授经过多年的教学实践构建了"探索—翻转—应用"（Explore Flip APPly）翻转课堂教学模式。该模式以引导探究式教学方法作为学生探索新知的方式，应用网络教学视频和学习任务帮助学生进行翻转式学习，最后在课内通过各种教学活动达到知识内化与应用的目的。教学活动通过三个步骤展开，如图 4-3-1 所示。

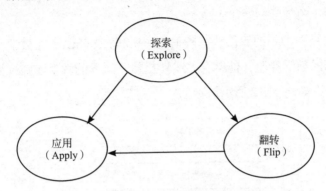

图 4-3-1　拉姆齐·穆塞莱姆翻转课堂模式

（1）探索

这一阶段采用引导探究式的教学方法展开任务、活动和结论等三项活动。在课堂中，教师依据教学内容提出问题并提供必要的解决问题的材料，希望学生能自己设计出解决问题的程序。

（2）翻转

这一阶段主要由学生在课外完成教学视频的及时教学。及时教学是一种建立在"网络的学习任务"和"学习者的主动学习课堂"基础上的教和学的策略。这一阶段主要包含两部分。

①学生观看教师提供的视频，在视频中，教师会对相关概念、定义进行解释，并且会提供与"探索"阶段有关的案例。

②学生在课前对基于网络的任务做出回应，教师及时查看学生的反馈以便调整课堂去适应学生的需求。因此，及时教学的关键是学生课外学习和准备程度的反馈，它从根本上影响后续的课堂质量。

（3）应用

这个过程由教师在课内引导，教师还为学生提供了知识拓展及应用等方面的学习资料，并最终对学生进行评估。应用阶段的活动是多种多样的，有更为专业的实验应用任务、个人或小组间的问题讨论，也有挑战性的问题和班级竞争活动等。

2. 罗伯特·陶伯特翻转课堂模式

美国富兰克林学院的罗伯特·陶伯特（Robert Talbert）在数学和计算机专业方面有着丰富的教学经验，他结合"线性代数"课程的教学实践，提出了两段式翻转课堂模型，如图 4-3-2 所示。

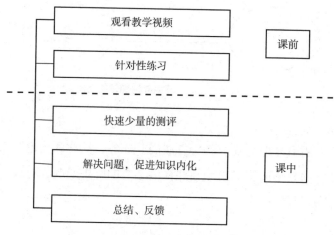

观看教学视频

针对性练习

课前

快速少量的测评

解决问题，促进知识内化

课中

总结、反馈

图 4-3-2　罗伯特·陶伯特翻转课堂模式

课前阶段：要求学生先观看教学视频学习重点知识点，然后按要求完成有导向性地练习。

课堂阶段：教师不再是大篇幅地讲课，而是先进行小测试，然后解决学生的疑难问题，促进知识内化。显然这种模式更适用于理科课程，对于理科中实践性较强的课程或者文科课程而言具有一定的局限性，需要做适当的调整。

3. 杰姬·格斯丁翻转课堂模式

杰姬·格斯丁（Jackie Gerstein）为了解决课堂上教师应该应该怎么做的问题，帮助习惯了使用说教模式的教育工作者制订了一个框架，创建了基于体验式学习的翻转课堂教学模式。这一模式是遵循顺时针方向来实现整个学习活动的，具体如图 4-3-3 所示。

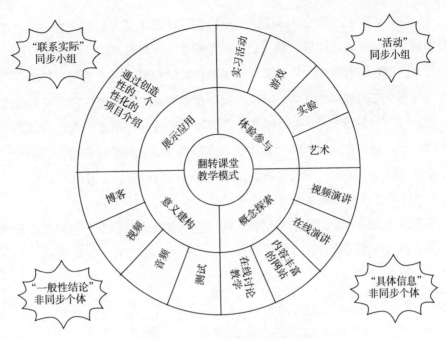

图 4-3-3　杰姬·格斯丁翻转课堂模式

4.曾贞的"反转教学"翻转课堂模式

曾贞是国内较早提倡翻转课堂教学模式的学者，她提出的"反转教学"模式，具体结构如图 4-3-4 所示，主要有三个关键步骤。

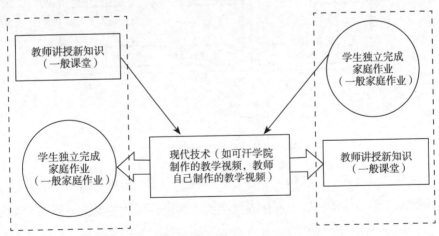

图 4-3-4　"反转教学"翻转课堂模式

（1）在观看视频前，教师根据学习内容设计教学情境，学生在一定的教学情境中展开讨论，提出问题。设计目的是激发学生的学习兴趣，明确学习目标。

（2）在观看视频时，学生带着问题观看教学视频，寻求答案，借助于网络平台进行师生之间的交流互动，学生在观看视频的同时或者之后完成相关题目。

（3）在观看视频后，教师对学生课前观看视频时提出的问题进行总结，学生在课堂上讨论共性问题，在讨论中深入理解知识；之后教师创设问题情境，让学生通过问题解决加深对知识的理解；最后进行小结检测，了解学习效果。

5. 张金磊等人的两段式翻转课堂模式

张金磊等人进一步细化了罗伯特·陶伯特的翻转课堂模型，并对课前和课中两个环节进行了关键设计，在教学设计上具有较强的借鉴性和实际操作性。其模型结构如图 4-3-5 所示。

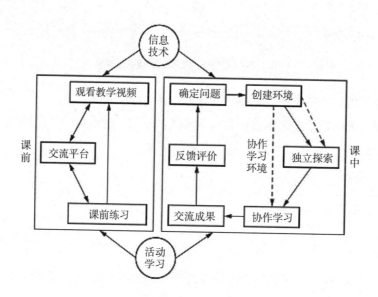

图 4-3-5　两段式翻转课堂模式

在课前学习过程中，教师主要通过教学视频为学生传授新内容，学生通过课前检测题发现学习中的问题，利用在线交流平台进行问题的交流。而课堂学习则主要包括确定问题、创建环境、独立探索、协作学习、成果交流、反馈评价六个部分，构成了一个环形的学习圈，教师在教学过程中可以根据学生的实际情况进行个性化学习环境的创设。

6. 基于MOOC的翻转课堂教学模式

MOOC拥有优质课程资源，促进了世界范围内的知识分享，为不同学科的教学创造了大量的机会。MOOC提供了大量丰富的视频、文档和问题等相关课程材料；依托名校建设的MOOC课程有完整的课程结构、由名师讲解，相关视频、测试、作业、实验活动等的设计和开发也都由专业团队来完成；MOOC教学资源获取便利，大多数课程平台还有交互式训练与机器自动评分及学生跟踪管理等功能，利于教师有针对性地组织课堂活动；MOOC所提供的互动交流社区便于师生和生生之间的学习思考和讨论交流。基于资源的优质性、使用的便利性、功能的交互性、内容的生成性和建构性等优点，曾明星等人结合国内外典型的翻转课堂教学模式，借鉴李青等人对MOOC一般运行模式的总结，建构出了基于MOOC的翻转课堂教学模式，如图4-3-6所示。该模式对缺乏视频录制经验但又想尝试使用翻转课堂的教师具有一定借鉴意义。

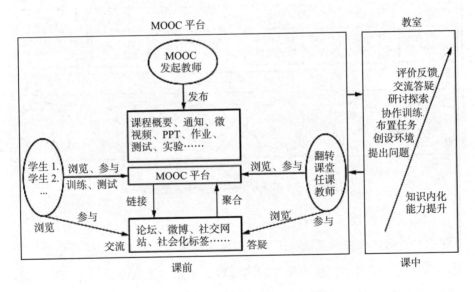

图 4-3-6　基于 MOOC 的翻转课堂教学模式

（二）翻转思政课堂的类型

翻转课堂作为互联网时代的智慧教育模式，发挥着信息技术和教育教学高度融合的优势，其对教学时空的创新规划和利用极大提升了教学效果。随着翻转课堂各种典型模式在思想政治理论课程中应用的深化拓展，根据其教学目的的指向不同，大致可以分为知识生成、能力培养、项目学习三种基本类型。

1. 基于知识生成的翻转思政课堂

教育信息化的发展不断推动着教育变革，基础教育的内涵和方式也随之改变，传统的预设型教学已遭遇瓶颈，"生成"理念应运而生。基于知识生成的翻转思政课堂将生成型教学理念与翻转思政课堂教学理念有效结合，为思政课堂教学注入了新的生机与活力，从而有效促进知识的生成。

生成教学理念下的思政课堂不再是一个封闭系统，也不拘泥于预先设定的固定不变的程序，而是在预设目标的实施过程中开放地纳入直接经验、弹性灵活的成分与经验，并积极鼓励师生互动中的即兴创造，超越目标预定的要求。基于知识生成的翻转思政课堂教学理念颠倒了课堂结构，使得知识学习发生在课外、知识内化发生在课堂。知识生成的翻转思政课堂有效地运用生成教学理念，实现了课前个性预学、课中知识生成、课后拓展提升，如图 4-3-7 所示。

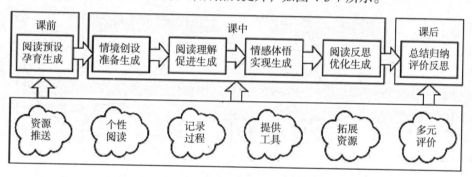

图 4-3-7　基于知识生成的翻转思政课堂

（1）课前个性预习、孕育生成

课前，教师依据教学目标将图文和声像等相关学习资源推送至学生端；学生利用资源开展自主预习，整体感知阅读内容，为课中拓展阅读做好准备。同时，教师能够根据学生端反馈的学习情况作出适应性改变，灵活调整教学，为课中教学做好准备。

（2）课中情境感悟、知识"准备—促进—实现—优化"生成

教师根据教学目标，通过视频、音频、图片等形式，或选择现实生活中具体的问题创设特定情境，使学生快速融入课堂情境中，为知识生成创造环境与条件。随后学生开展个性阅读，完成检测练习，学习平台记录并分析学生阅读检测情况，

帮助教师引导学生知识生成。接着师生之间进行交流协作、展示汇报，教师引导学生相互讨论、合作交流、阅读分享等，以实现知识的动态生成。同时教师需要及时给学生反馈，对学生的课堂表现进行评价，学生则根据教师的反馈进行自我反思，优化生成。

（3）课后总结归纳、评价反思

课后，学生需要对阅读过程中的表现进行反思总结，或对阅读过程中创作的作品进行修改和优化。此外，学生也可通过平台工具进行交流，碰撞思想火花，形成价值认同。

2. 基于能力培养的翻转思政课堂

开展翻转思政课堂教学实践的目标是满足学生个性化学习的需求，尊重学生个体差异发展，实现师生多维互动及帮助学生提升自主学习与协作学习能力、信息素养能力、学科专业发展能力、创新思维能力和总结反思能力，实现深度学习，聚焦问题解决，进而提升创新人才培养质量。因此，翻转思政课堂在培养学生能力方面具有得天独厚的优势。

基于能力培养的翻转思政课堂将素质教育理念与翻转思政课堂理念有机结合，把学生能力的培养作为教学的中心工作，强调知识学习在课前、知识内化在课中，注重知识到能力的转化，主张能力与素质比知识更为重要、更为稳定、更为持久，如图4-3-8所示。

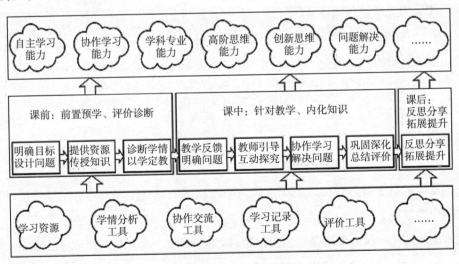

图4-3-8　基于能力培养的翻转思政课堂

（1）课前：前置预学，评价诊断

①明确目标，设计问题

教师根据时代需求、学习者特征（学习准备、起点水平和学习风格）和教学内容（内容是否适合翻转，技术能否支持）等要素，设计相关问题，引导学生预学。

②提供资源，传授知识

教师提供学生自学资源，学生开展自主学习，完成课前任务，参与线上讨论。

③诊断学情，以学定教

教师根据学生的完成情况与存在的问题动态调整课堂教学，使其更为精准、更具针对性。

（2）课堂：针对教学，内化知识

①教学反馈，明确问题

教师根据学生自学情况讲解知识薄弱点和盲点。

②教师引导，互动探究

对课前预学进行反馈整理后，教师组织、引导学生进行互动探究，以激发学生学习兴趣，调动学生的积极性。

③协作学习，解决问题

在互动探究的基础上，教师组织学生以小组的形式开展协作学习，共同探究学习问题，培养团队意识，锻炼协作交流能力。

④巩固深化，总结评价

教师总结点评，学生巩固所学，并通过师生互动、协作探究、交流互动等活动，实现知识的二次内化。

（3）课后：反思分享，拓展提升

学生利用平台查漏补缺，拓展训练，拓展知识广度与深度，从而提升综合能力。

3. 基于项目学习的翻转思政课堂

基于项目学习的翻转思政课堂作为一种新型的课堂模式，更有利于发展学生的批判性思维、协作交流能力和问题解决能力，进一步突出学生的主体地位，实现知识的内化，从而促进学生的全面发展。

基于项目学习的翻转思政课堂模式，以真实的问题情境为基础，关注问题探究过程，强调小组协作，注重学生能力的培养。从项目实践与翻转思政课堂本质来说，两者均注重突出学生的主体地位，强调以学习者为中心，打破传统课堂中以教师为中心的教学理念，实现教为学服务，有效促进学生的全面发展。基于项目学习的翻转思政课堂模式也是由课前、课中、课后三大环节组成。具体教学流程如图 4-3-9 所示。

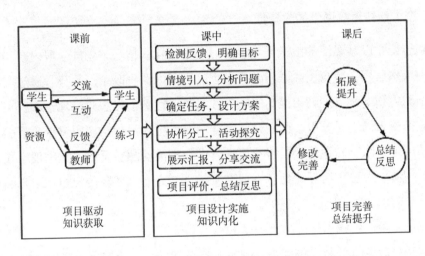

图 4-3-9　基于项目学习的翻转思想课堂

课前师生主要进行项目驱动，知识获取。其主要包括两个环节：教师提供资源，发布练习；学生自主检测，交流互动。

课中主要包括六个环节：检测反馈，明确目标；情境引入，分析问题；确定任务，设计方案；协作分工，活动探究；展示汇报，分享交流；项目评价，总结反思。

在课中对项目进行设计实施、知识内化的过程中，教师应根据课堂实际情况，做好组织、管理和监督的工作，及时对学生开展项目学习活动的状态和表现进行跟踪，适时适度地给学习者提供帮助。

课后主要进行项目完善，总结提升。学生主要是对项目的设计方案、项目的操作流程进行修改、优化、完善。学生通过学习平台进行交流反思，以进一步提升自身能力。

总体而言，这三种发展思政课堂模式的实践都离不开一定教学环境的支持。其中尤为需要以电子书包为代表的智慧课堂提供多样的技术支持。电子书包要能够为课堂教学提供大量的资源与素材；能够帮助学生实现个性化阅读，并通过云服务功能同步阅读检测数据；能对所有在线学生的阅读检测或习题等进行自动记录与分析，同时通过可视化的方式呈现给教师与学生；能够提供课堂所需要的各种工具，如思维导图软件、文档编辑软件、视频、音频编辑软件等，帮助学生在课上完成多种教学活动，为学生的阅读和创作提供必要的支持。

（三）翻转思政课堂的教学特点

翻转课堂以其灵活的教学环境、学习型的文化、精心策划的学习内容和信息技术的成熟运用，顺应了互联网时代思想政治理论课程改革的趋势，通过实现教师教学能力和学生自主能力提高的结构性变革，达到了思想政治理论课程正本创新、立德树人的本质要求。而在具体实践中，思想政治理论课程突出政治引领而不是单纯地局限于知识传授的特殊要求，进一步推动翻转思政课堂呈现出线上线下融为一体、大班小组互相配合、理论实践合二为一、翻转传统相互结合的鲜明特点。

1. 上下融合：线上线下融为一体

翻转思政课堂的教学模式由两个基本环节组成，一个是线上学习，另一个是线下教学，这两个环节相互融合、相辅相成，只有这样才能取得好的教学效果。

（1）在课程教学中，教师应该将信息技术理论以及"互联网+"技术、方法运用其中，依托于教育平台，促进思政课堂课上课下、线上线下融为一体，使思政课进入一个网络化、移动化、数据化、个性化的新时代，增加师生之间的交流广度、频率、深度，使学生能够清醒地认识到自己的思想，避免被错误的观点所误导。

教师要切实担负起学生成长进步指导者和引路人的责任。具体而言：课前自主学习阶段，教师要上传课程视频、教学课件、教学案例和学习资料等教学资源，学生自主学习；在课堂教学中，通过网络平台，教师可以进行问题解答、专题讨论、学生答辩、学生展示等，使课堂从原来的"一言堂"变成学生与教师的观点的碰撞的舞台、互动交流的论坛、学生的风采展示的平台；在课后的知识巩固阶段教师可以向学生们发放线上作业，让学生们完成课堂练习，从而对他们所掌握的知识点进行强化和巩固，与此同时，还可以指导学生们在线上进行讨论。

教师还要引导学生畅所欲言、交流心得、辩证思考，为下一轮教学做好充分准备。

（2）思政课教学是思想政治工作的主要阵地和主要渠道。思政课本身就具有抽象性，这就导致了学生进行自主学习的难度较大。除以上因素外，教师还应该对学生的学习惰性、学生的理解水平、学生的知识水平等因素进行考虑。所以，教师要在翻转思政课的教学实践中通过课堂教学让学生有机会与教师近距离接触、感受教师的人格魅力，并与教师进行情感交流。我们不应该简单地模仿西方的翻转课堂教学模式，而是应该以线下教学为核心，辅以有效的、合适的线上线下混合教学。在不同的思政课程中，教师应该采取个性化翻转策略。第一，对于理论性较强的课程，因为翻转的难度系数是最大的，所以教师在课堂上要相对加大理论讲授的力度，同时加强答疑解惑的力度，并督促和要求学生展开课前预习与课后复习。第二，对于实践性课程，学生自学的难度不是很大，学生们需要与自己的实际情况相结合，要多思考、多实践；教师应该精心策划并布置具有一定挑战性的课外学习课题，并且积极鼓励学生进行自主探索，与此同时，在课堂上增加互动的时间和研讨的时间。

网络技术手段的运用不可避免带来知识碎片化的问题。教师需要特别关注学习任务单的设计和运用。自主学习任务单的设计，是翻转课堂教学设计的第一步。在课前自主学习中，教师对学生学习的指导主要以学习任务单为"抓手"来完成。学生通过阅读学习任务单，明确学习的目标、方向和任务，并通过学习任务单向教师反馈学习过程中产生的疑问。自主学习任务单设计的优劣，既关系到课前自主学习的质量，也关系到后续的课堂互动学习和探究学习能否有效展开。

学习任务单的核心内容是学习目标和学习任务。学习目标是教学目标的转化形式，反映了要求学生通过自主学习掌握学习材料的维度和程度。学习目标不是一个变量要求，而是一个常量要求。教师通过分析教材提炼出教学目标，再把教学目标转化为学生自主学习应当达成的目标。学习任务是自主学习任务单的主体部分，一般须满足符合学习目标要求、把知识点转化为问题、兼顾知识点的覆盖面与权重、提供方便的资源链接、融入练习五个方面的要求。学习任务单的设计非常重要，示例如表4-3-1所示。

表 4-3-1　课前"自主学习任务单"设计模板

一、学习指南 1.课题名称： 2.达成目标： 提示：达成目标从教学目标转化而来，是学生通过自主学习应该达到的认知程度、认知水平和认知标准。 3.学习方法建议： 提示：有就写，没有就不写。 4.课堂学习形式预告： 提示：简要说明课堂教学组织形式，也可用流程图代替。其目的是使学生明确自主学习知识与课堂内化知识的关系。
二、学习任务 通过观看教学视频自学（或阅读教材，或分析提供的学习资源），完成下列学习任务 提示：含必要的提示等帮助性信息。
三、疑惑和建议 提示：此项由学生自主学习之后填写。 备注：1.栏目不够用可以自行扩展； 　　　2.完成"自主学习任务单"设计之后，别忘了删除所有提示项。

2. 大小结合：大班小组互相配合

针对目前思政课教学对象的数量较多，群体较大的现状，在翻转思政课教学中引入小组学习模式是十分必要的。

小组学习理论是一种基于社会心理学研究的教学模式。19世纪初，美国有一部分学者对合作学习进行了研究，并将其付诸实施，杜威创建的芝加哥实验学校也将小组学习应用到了课堂教学中。欧美发达国家在20世纪70年代意识到了这种方法的重要性，并开始在世界范围内大力推广。

小组学习是当今世界各国广泛应用的一种具有创新性的教育理念和教育策略。因其卓有成效，被认为是十余年来最为重大、最为成功的一次教育改革。小组学习指的是在一个小组或一个团队中，为了完成一个共同的任务所经历的一个动手实践、自主探索和合作交流的过程，它是一种具有明确职责分工的互助性学习过程。小组学习法中学习的主动权由学生掌握，教师要尽量给学生创造合作学习、自主探究、独立获取新知的机会，让学生在这个过程中体验到探索的乐趣和学习发现的快乐。

小组介入翻转思政课堂中的课堂管理、参与课程考核、组织课后实践等方式缓解了教师的教学压力，让教学管理更加精细化、细致化，学习评价更加公平公正，提高了翻转课堂教学的质量和水平。在班级管理方面，除了组长填写《组员表现表》（表 4-3-2）和课代表填写《组长表现表》（表 4-3-3）作为教师的评估依据外，在展现实践成果阶段，每一组成员都要对另一组的实践展示进行打分，每组因此会获得一份实践成绩，这样就会形成小组之间的互评机制，鼓励小组成员相互促进，共同提升实践效果。在各组编写的实践小结表中，组长还要将每个组员的工作量和参与度进行记录，并作出客观的评价，这也成为教师对学生进行考评的重要依据。

在课后的线上论坛里，教师会认真阅读每位同学的发言，并给每条有质量的帖子标注"精华"或"置顶"以资鼓励，"精华""置顶"的数量也就成为学生平时成绩的重要依据。线上平台一般难以记录这方面数据，而教师通过小组长、课代表进行统计，可大大减轻工作量。

表 4-3-2　组员表现表

（　）专业第（　）组

组员姓名（按学号排序）	出勤情况（缺席迟到早退次数、原因）	听课表现（是否有睡觉、玩手机等不专注行为）	课堂活跃度（主动发言、提问次数）	在线讨论置顶／精华数／在线总分	实践表现	是否推优

表 4-3-3　组长表现表

填表人：

组长姓名（按组次排序）	出勤情况（缺席迟到早退次数、日期、原因）	听课表现（是否有睡觉、玩手机等不专注行为）	课堂活跃度（主动发言、提问次数）	在线讨论置顶/精华数/在线总分	管理情况（是否尽责、公正）	是否推优

备注：1. 请课代表认真、如实填写本表，于最后一节理论课交给老师。
　　　2. 在线学习重点统计讨论区的"精华""置顶"数，在线分数也请注明。
　　　3. 优秀组长推选不超过50%，如有不合格者也请在最后一栏标注。

3. 知行合一：理论实践合二为一

在思政课教学中，实践教学是不可或缺的一个环节。怎样才能让学生理解、接受、认同深奥且抽象的思想政治理论，并将其内化为学生个人的人生观和世界观，这不仅需要对马克思主义的科学理论体系进行系统地把握，还需要在实践中、在理论引导下进行体验、反思和升华。当前，思政课实践教学的形式有两种。

（1）课内实践形式，即把实践教学看作和理论教学相对的教学环节。在课堂教学中，只要能凸显教育对象的参与性、教育内容的直观性、教育对象的互动性就可以称之为实践教学的模式。例如，教师会组织学生进行讨论、听报告、辩论演讲、看录像等活动，并要求学生运用他们所学的理论来对以上出现的问题进行分析和解决。

（2）课外实践形式，包括校内实践和校外实践。校内实践包括问卷调查、拍摄微电影、编排情景剧、办报纸杂志和参加各类校园文化活动等；校外实践包括参观访问、社会调查、社会观察等。课堂实践教学的基础是课内实践教学，而课外的实践教学又是对课内实践教学的一种补充与深化。二者之间相互补充，相互促进。

最近几年，各院校组织开展了多种红色实践活动，比如探访重走长征路活动、红色故地活动以及军政训练活动等，这些活动都属于具有较强实践特点的思想政治教育形式，让受教育者可以在红色文化资源价值观念、道德情操、政治观点、革命理论的影响下，知行合一，身体力行，在实践过程中，不断提高自己认识世界的能力和改造世界的能力。与此同时，在网络时代，学生的实践也可以融入虚拟实践。虚拟实践的本质是主客体在虚拟空间中，利用数字化的媒介系统，进行一种双向的、对象化的活动，它的特点是交互性、开放性和间接性。

思政课教学实践可以使学生通过"虚拟体验"（如参观网上博物馆、网上纪念馆）、"网络调查"等活动，学会"交互式思维"，提升虚拟实践能力。因此，借助于网络的内容丰富、虚实结合、极具特色的红色文化资源展开翻转课堂实践，也是未来院校翻转思政课堂的一个新的生长点。

4. 新旧互补：翻转传统相互结合

传统思政课堂的教学逻辑表现为"教—学—考"的循环往复，其优势在于能系统、完整地讲授马克思主义理论体系，教师可以通过透彻的说理、魅力的讲解使课堂富有感染力、凝聚力，收到较好的教学效果。而翻转课堂的教学逻辑则为"学—教—行"。这种新的教学逻辑，既保留了传统的课堂教学的优点，又使学生的主体性得以充分发挥。所以，思想政治教育课应用翻转课堂很好地适应了互联网时代的特征，重视对网上资源的筛选和及时更新，贴近实际、贴近学生，让思政课更具亲和力。"以学生为中心"的教学理念对传统教学模式下学生只能被动学习的模式进行了突破，改变了学生消极学习的状态，使得学生的积极性和主动性、参与度得到了提高，形成了师生互动、生生互动的高互动课堂，让思政课变得更加生动。

然而，翻转课堂的缺点也十分明显，一方面它需要教师和学生付出更多的时间和精力。站在教师的角度来看，准备教学资料、分析学生学习情况、批阅学生主观报告、提升信息技术、更新在线资源等工作，都需要花费更多的时间和精力。如果教师没有一种持续的教学改革热情，学校没有适时、合理的激励政策，教学改革显然很难坚持下去。从学生方面来说，一些学生因受长时间的被动学习的影响，产生了学习惰性和抵触情绪。在学生认同度不高的情况下，翻转课堂效果会大打折扣。另一方面思政课教学政治性和理论性强的特点客观上也不适宜全部展开翻转。因此在教学实践中，需要在辩证分析传统课堂与翻转课堂优缺点的基础上，实现翻转课堂与传统课堂的有机统一。

四、翻转思政课堂的教学流程

翻转课堂构建的目的和归宿在于应用。因此，教育者有必要研究在高校翻转思政课堂的教学实践中如何具体展开翻转教学，以提供翻转课堂教学的实用指南。翻转课堂教学的课前环节是有效进行思政课教学实施的前提和基础，课中环节是思政课教学开展的主体和关键，课后环节有助思政课教学效果的巩固和提升，三者构成了翻转课堂教学流程的有机整体。具体实施流程，如图4-3-10所示。

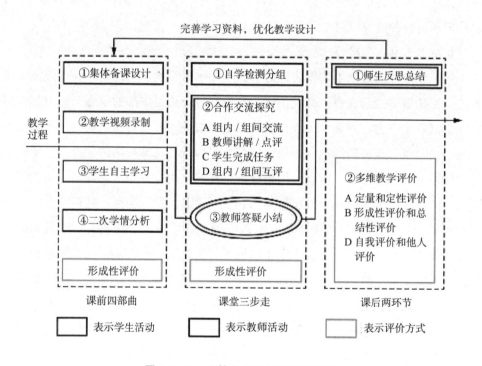

图4-3-10　翻转思政课堂的教学流程图

（一）课前四部曲

翻转课堂这一全新的教学模式要想取得实效，需要发挥集体的智慧和力量。特别是在课堂教学前这一阶段，翻转课堂模式下的思想政治理论课程的备课设计、视频录制、学情分析等工作都要以教学组为单位有序推进。

1. 集体备课设计

思政翻转课堂所包含的课前教学与课堂教学是有机的整体和优势互补的关系，而不是相互重复的关系。任何一个环节进行得不好，都会影响翻转思政课堂的整体教学效果。因此，翻转思政课堂的实施需要教学者提前展开集体研究和整体备课。

集体备课主要围绕课程内容和教学对象展开，即常说的"备教材"和"备学生"。所谓"备教材"就是要精准把握思政课程的教学内容和教学要求。"备学生"则是提前了解学生人数、学习基础和理论需求，有针对性地制作学习任务单、制作整合视频资源，以更好地引导学生展开课前自学。在做好"备教材"和"备学生"工作的基础上，教师需要完成学习任务单的制作。

学习任务单是指教学工作者根据相应课程内容，以集体为单位对课程的基本目标、重难点、基本框架和知识提纲进行整合与罗列，再由教师根据学生认知特点与水平，指导学生学习方法与思路，布置相应任务练习以帮助学生巩固所学知识的一种教学工具。

学习任务单可以通过书面形式发给学生，也可以通过教师与学生共享的网络平台以电子版的形式发给学生。学习任务单可以引导学生和教师在课堂上的行动，也可以引导学生在课前进行预习。特别是在翻转课堂教学模式实施初期，学习任务单是教师、学生完成教学任务的"拐杖"，对于保证和提高翻转课堂的教学质量发挥着重要的意义和作用。

制订学习任务单时，教师需要注意以下几个问题。

（1）注意指导学生按照一定的时间顺序使用。学习任务单中的部分任务，尤其是预习部分，要求学生在观看教学视频前先完成，只有这样，才能保证学生对所学内容有一定的理解，在此基础上再自学。

（2）重视对学生进行知识构建的思维导图。教师要针对所学习的知识，帮助学生总结归纳，使学生更好地理解这些知识和运用这些知识，这对于学生在碎片化教学视频中接受知识而言具有极大的帮助。

（3）在相关知识点上，教师要注意对学生进行必要的范例指导，或对学生的学习思维进行指导。在学习任务单中对于抽象的思想政治理论内容，教师可以提供必要的学习提示。学生在观看视频和课堂探究的时候，可以有意识地与实际情况相结合，思考相关概念原理。

（4）在学生看过教学视频之后，教师要注意引导学生在线上平台上完成学习任务单上所列的作业。这样做，不仅可以让老师对学生的课前自学质量有一个清晰的认识，对学生在自学过程中经常遇到的难题进行统计，还可以让学生带着问题去观看教学视频，及时地对自己对知识的掌握程度进行测试，从而更好地学以致用。

2. 教学视频录制

视频教学在翻转课堂的课前教学中起着重要作用，同样是学生学习的资源。和纸质的学习材料相比较，视频整合了声音、图像、动画等多种因素，更有利于刺激学生的多种感官，满足不同学习方式的需求。高质量教学视频中教师清晰、生动的讲解，对于学生的学习有极大促进作用。视频教学对翻转思政课堂的作用无疑是巨大的，如何设计出一节优质的、有效的思政课视频，需要教师把握好思想政治理论的学科特点，可遵循以下原则。

（1）从课程特点出发、以学生为本

思想政治理论课程具有鲜明的思想性特征、德智共生性特征和生活实践性特征。

思想政治理论课的德智共生性强调课程所具有的德育课程的特点，同时也强调思想政治理论课程所具有的人文社会科学的价值，其观点与学科知识点之间的关系是观点统率学科知识点，学科知识点支撑观点。人与社会的本质和发展规律的认识是价值观教育和政治信仰建立的基础，思想政治理论课以此来培养学生的认知能力和社会参与能力。

思想政治理论课的生活实践性强调的是学生的实际体验，这是基本的出发点，让学生自主参与其中，在此过程中形成正确的价值观和良好的道德品质。鉴于此，在设计思想政治理论课程的时候，教育者要抓住这些学科特征，在一个多元开放的大背景下，坚持社会主义核心价值观，正确引领学生方向，体现出政治课的道德教育功能和人文特性。不仅如此，思想政治理论课程是一门蕴含着人文精神的德育课，因此，在课程中首先应该关注的是人的发展，也就是学生的发展，而不是知识的传输，这正是以学生为本的理念的体现。所以，在设计思想政治理论教学视频的时候，教育者应该坚持主体性的原则，及时关注学生的主体要求，并且对学生个体生命发展、人格完善要重点关注，积极发挥学生的积极性、主动性、能动性，促进学生的全面健康、自由发展。

（2）突出"微"特性，兼顾完整性

翻转课堂教学视频属于微课的一种，其中包含着"微教案""微课件""微练习""微点评""微反思"等与教学相匹配的支持性和拓展性的资源，形成了一种半结构化、开放性、网页化、情景化的资源动态生成与交互教学的应用环境。所谓的思想政治理论课程视频的完整性主要指的是完整的整体结构，它不仅包含明确的教学目标、学习单元、学习活动流程等教学内容，还具有与之相配套的反馈和练习。此外，完整性还指在相关的知识内容上的完整，也就是将各个知识点完整地展现出来，但又不能对其内部结构造成破坏，这就需要做到实而不虚。另外，在制作思想政治理论课的视频设计时，教师还应对时间进行严格控制。由于思想政治理论的学科性质，它的概念、知识内容，都不能过于冗长。传统的政治教学常常被认为枯燥乏味，只会讲一些空洞的东西，一些学生更是将思政课视为最烦人的一门课。教学视频可以将这个问题作为突破口，用它的短小精悍的呈现方式和丰富的画面来吸引学生，让学生们对思政课的印象发生改变。所以，在设计视频的时候，教师要注意避免视频时间过长，要将内容的表达控制在有限的时间内，避免假、大、空，要做到专、精、实。

（3）确保有效性，展现创造性

在保证教学效果的前提下，思想政治理论教学视频要体现创新。究其根本，思想政治理论课程视频是为思政课程服务的，主要目的在于提高思政课堂的质量和水平，因此就需要保证视频具有有效性。思政课视频的有效性评判标准主要是：是否使用了适当的视频、是否可以带来良好的课堂氛围、是否可以帮助实现教学目标，以及是否可以带来很好的教学效果等。只有在保证视频使用的有效性的前提下，才能真正地发挥视频的功能，让课堂教学的有效性得到有效提升，促进思想政治理论课的发展，完善学科建设。

所谓的创造性指的是在进行视频设计的时候，教师不能仅仅对课堂内容进行情景再现，需要结合实际情况、地域特色，并且按照不同的教学内容，对教学视频进行设计和创造，不能一成不变，也不能简单的复制。创造性是有效性的先决条件，也是视频的有效性的必要条件。

不论是视频的设计与制作，或是其他资料的预先生成，都必须要有创造性，要有比教科书更好的创意，对地方特色进行突出，只有这样才能吸引学生，发挥教学资源应有的作用。

（4）遵循学科渗透原则，顺应时代性

伴随着全球化进程的不断深化，无论是国际形势还是国内形势，都需要我们去了解更多不同的文化和知识。高校思想政治理论课教学应打破学科的边界，强化学科间的融合与整合，在教学中进行多方位的渗透。在设计思想政治理论课程视频的时候，教师要把握好渗透原则，将其他科目的要义自然渗透到思政课堂中，做到"万变不离其宗"，对政治理论课程特色进行保持。渗透原则对教师提出了更高的要求，教师要有开阔的眼界，能够跳出学科的限制，能够将所学的知识融合在一起，同时也要做到深入浅出，以学生的特点为基础来设计教学环节，这对于师生双方来说都是一个很大的挑战。

同时，教师在实践中也可以在共享思政教育网站、主流媒体网站上甄选、下载微视频。只要能吸引学生的注意、调动学生的学习热情、激活学生的认知驱动，就不失为好的课前视频资源。

3. 学生自主学习

翻转课堂自始至终强调的都是以学生为中心。翻转思政课堂是否有效，关键取决于学生的自主学习力。课前自主学习既是对学生自学能力的检验，考验学生的主观能动性，也是对学生参与课堂活动的深度与有效性的检验。要提高学生的自主性学习效果，必须重视三个方面的加强。

（1）强化学生自学能力

学生自主学习需建立在正确的学习认识基础之上。因此教育者首先要端正学生对思想政治理论课程的学习态度，培养学生对思政课的兴趣，使学生以积极饱满的思想状态和精神面貌投入课程学习中，让学生感受到学习的快乐与成就感，使他们乐于学习。

（2）强化师生沟通交流

通过拉近师生距离，及时对学生展开引导和帮助，听取学生对知识呈现的想法与建议，教师可以点燃学生主动探索、自主学习的热情，并对学生自学过程中出现的问题进行原因分析，帮助其改进不足，提高其自主学习能力，逐渐养成良好的、具有自己风格的学习习惯。

（3）强化自主学习监督

在翻转思政课教学中，学生在完成教学任务时，由于自我控制能力差等因素，有可能"借鉴"他人的劳动成果，产生"搭便车"的现象。对此，教师可采取如下对策：在教学管理系统中对学生的观看教学视频的时长、暂停时间、快进时间等教学视频观看痕迹进行分析，对偷懒的学生进行跟踪观察，并科学评估；建议学生在观看教学视频之后，在线总结知识点或者提出自己的问题；在课堂上随机抽问学生，及时了解学生的阶段性学习成果，对学生的自主学习情况进行及时掌握；学生必须及时上交学生评价量表，并鼓励学生间互相监督，如出现抄袭等不良行为将受到惩罚。通过上述的监督方法，教师可以促进学生的自我意识和自我控制能力的提高，从而提升学生在翻转课堂中的自主学习的效果。

总之，学生课前的学习，需凸显教师的指导性和学生学习的自主性。掌握所学习的内容，即理解和识记所学内容，是常量；至于学习材料是视频还是书本，学习方法是观看、动手做或者是阅读，以及学习时间等因素，都是变量。学生根据自学的需要和学习的喜好，自主选择学习材料、学习时间和学习方法，这一过程也是凸显学生课前学习的自主性与个性化的过程。

4.二次学情分析

在课前阶段的学情分析，一般分两次展开。除了课程组在课程准备过程中展开的第一次学情分析之外，直接影响后续翻转课堂效果的就是第二次学情分析，主要目的是充分了解学生课前学习的效果。在信息技术和网络学习平台的支持下，教师基于数据分析来了解学生课前学习情况更加客观详细。

通过学习平台，教师可以清楚地知道学生网上学习视频的时间、开始的时间、结束的时间、中间停顿的时间，进阶作业完成的基本情况及所用的时间等。针对主观性作业题，教师可以在学习平台上查看学生上传作业的情况、网上讨论交流的情况、提出的问题困惑及其得到的回应等。基于这些信息，教师整理在线讨论区学生集中提出的疑问、见解，以学定教，确定教学目标、内容、方法等，再次优化课堂教学设计，更加有针对性地展开教学和辅导，以提升课堂教学的效果。

（二）课堂三步走

在学生课前自学、教师充分把握学情并再次优化课堂教学设计的基础上，教师展开"翻转后的课堂教学"。这一阶段的主要任务是发展学生高层次认知能力，帮助学生巩固内化知识，锻炼提升能力，着眼于立德树人、备战育人，培养学生的情感态度和价值认同，提升学生综合素质。

1. 自学检测分组

尽管学生课前通过自学微视频、教材和其他资料，对思想政治理论基础知识有了一定的理解和把握，翻转后的课堂教学的首要任务还是检测学生课前自学的情况，检测学生对基础知识和基本概念理解的程度。该环节的教学，正是翻转后课堂教学的导入环节，具体组织过程如下。

上课的第一个阶段，教师组织学生总结汇报视频学习的收获，陈述在课前学习中遇到的、希望给予帮助和解答的困难和疑问，再提出新发现的问题；教师做好板书与记录，并以学生自学情况及疑难问题为依据分组。

需要注意的是由于长期的传统教学所形成的个体性格和思维习惯，学生可能既不愿意承认自己不懂、有问题，也不善于质疑和发现新问题。因此，这是翻转课堂最难的一步，需要教师加以引导和鼓励，消除心理上的障碍，引导发散的思维方式，教会学生学会找问题。教师整理需要小组讨论解决的问题，也可以请学生帮助，与学生一起来挑选和决定最重要、最需要讨论和解决的问题。精选问题的过程既要考虑到问题的重要性，还要考虑时间的限制。

2. 合作交流探究

翻转课堂的中心环节为在教师的组织和指导下，以学生为核心展开分组合作探究，这也是与传统课堂相比，翻转课堂的不同之处，可以使得师生之间的角色实现互换，促进双向互动。"在网络课程和实体课程的学生之间、师生之间能否进行深入讨论，有针对性地及时解决每个学生在学习过程中所遇到的问题，才是翻转课堂这种教学方法的核心价值。"[①] 要使学生得到充分的发展，就必须强调学生在教学活动中的主体性，要求学生在协作中提升自己的能力和水平，在交流中得到成长。教师在这一过程中应采取多种方式，为学生创造良好的学习环境，帮

---

① 于歆杰.以学生为中心的教与学——利用慕课资源实施翻转课堂的实践 [M].北京：高等教育出版社，2017.

助学生集思广益。具体而言，应该从以下四点入手。

（1）合理安排座位

分组合作探究强调的是团队学习。在以合作学习为主的翻转课堂中，教师应该给学生提供便于讨论交流的座位条件，根据小组组数以及各组人数综合考虑课桌的设计摆放，采取团坐、围坐、对坐等方式进行合作探究学习，如图4-3-11所示。

同时教师要注意遵循"组内异质，组间同质"的原则，对不同水平的学生进行优化组合，实行"帮扶"对子措施，形成良性竞争，通过小组间的合作学习实现优势互补。

图4-3-11　翻转思政课堂研讨教室示意图

（2）明确组内分工

在翻转课堂上，一定要使每一位学生都能够有效地投入到小组的学习之中，进行小组分工协作的前提和基础是小组成员的实际能力。组长由每个小组选择出具有较强综合能力的同学来担任，主要负责对小组成员的协调和统筹，保证小组成员可以积极有效参与课堂的探讨活动。让有良好的学习能力和积极性高的学生将每个学生的意见和问题进行记录和总结。由有较好的表达能力和思维清晰的学生负责报告和演示。为提升每个人的主动性和积极性，可以让他们在讨论过程中对每个人的合作情况进行监督和评判，并将反馈记录下来。当然，教师也要考虑到课程的内容、讨论的主题、活动的形式、学生对课程的掌握等情况，以此为依据进行相应的调整与分工。

（3）展开多样活动

翻转课堂是将多种教学活动综合在一起，为学生创设良好的情境气氛，以此来引导学生进行小组讨论的一种教学模式。在翻转课堂中，为了防止探讨学习成为一种形式，教师必须采取一定形式的教学活动，以激发学生的好奇心和求知欲，并引导学生积极地参与到讨论中。教师在设计课堂教学活动的时候应该保证教学活动的灵活和科学，并且需要注意以下三个方面的问题：一是根据教学内容进行优化选择，二是遵循学生学习特点，三是充分利用辅助教学资源。

（4）精心组织展示

学生在进行了一定时间的小组探究讨论之后，要派代表将自己的小组成员对于问题的看法进行汇总，并在课堂上展现出来，教师和其他学习小组对此进行评价。这既给了各组一个展现自我的平台，也能让教师对各个小组所掌握的知识情况有一个全面的了解，以此为基础，实现课后对学生的检测评价。在成果展示环节，教师既需要针对组员的发言有选择地做好记录，也要适时进行必要的指导和纠正。

3. 教师答疑小结

在翻转课堂中，教师适时、适当、适量的答疑解惑，对学生在翻转学习中是否能够有效地吸收教授的知识有着直接的影响，可以起到归纳、总结、升华教学的作用。个别指导以及整体指导都属于教师的答疑解惑过程。个别指导主要指的是在学生的讨论过程中，教师对每个小组学生的讨论情况进行的个别的答疑。整体指导主要指的是在学生进行到一定的探讨阶段之后，教师需要对各个组的学生汇报展开系统化的、综合性的反思和总结，对学习内容进行梳理，强化学生对知识点的理解，让学生构建起全面、合理的知识结构。答疑解惑中，教师需要注意做到以下几点。

（1）创设民主的教学氛围

民主的基础是平等。转变理念、做到师生平等，这样才能打消学生的畏惧心理，拉近师生距离。学生才敢于提问、敢于表达。

（2）及时归纳反馈学生疑问

对某些错误的答案，教师要进行更正。对不完善的意见，教师要进行补充。

但对某些开放性的问题，并不需要"统一认识"。

教师对学生完成任务的情况进行汇总分析和归纳整理，了解学生学习中存在的问题，对已掌握的，还需进一步探讨的以及可以拓展和深化的内容进行分类，进而设计课堂教学新方案。

（3）教会学生解题的技巧和方法

教师在教学过程中，在对问题进行综合和点拨的过程中，应充分尊重学生的个性发展，保证在学生可以理解的范围内进行总结与归纳。在不脱离主题的前提下，学生可以对同一问题有自己的看法，教师要结合问题的类型，将一些必要的答题技巧教授给学生，帮助学生构建起自己的理论思维。

翻转课堂的一个重要特点和优势是，它将学生的作业从课下转移到了课上，通过小组协作让学生可以当堂完成。它倡导教师在课堂上给学生布置作业，之后由教师与学生一起进行批改，在教师的指导下，学生对自己的学习进行自我评估和检查。在翻转课堂教学中，巩固练习环节属于升华环节，教师应该在学生的发展需求和实际水平基础上，来设置题目的内容，题目要有针对性，要有层次。根据课堂探究的主题内容，教师出同类型的题目，但是也应该避免与课前练习产生本质性重复，只有这样才能让学生有提升的空间，不会产生学习疲劳。与此同时，练习的难易程度应该根据学生在课前对知识点的掌握情况以及课程的性质特点来进行调节。除此之外，教师还应该以学生的不同水平为依据，确定练习的层次性，既要对基础较薄弱的学生进行关注，为他们提供一定的基础性练习，以帮助学生对所学知识进行总结和归纳；又要让学习能力较强的学生的学习需要得到满足。因此，教师应该设计出一些有深度的题目，来提升学生对知识的拓展转移。最后，师生共同在课堂结束时为下一次的学习专题做预习。

（三）课后两环节

教师和学生在课后环节，应该结合实际情况，及时对课堂的使用效果，对课程中所出来的问题，进行反思与评价。

1. 师生反思总结

翻转课堂是一种以网络信息技术为支持、教师怎样教取决于学生学什么的新型教育模式，它对教师和学生在各个方面的素养和能力都有了较高的要求。因为并不是所有的思想政治理论课在全过程都使用翻转课堂进行教学，所以教师要根据具体情况，采取不同程度的翻转；在翻转课堂结束后还要及时对翻转的内容和方法进行总结，为下一次教学的完善奠定基础。

2. 多维教学评价

在整个教学中，教学评价具有诊断功能、反馈功能、激励功能、甄别功能、指导功能和管理功能。所以，在翻转思政课教学过程中，教师要注意对思政课教学进行评价。翻转课堂被分成了三个过程，分别是：课前自学、课堂合作学习、课后运用知识。因此，它的评价方式也主要针对这三个教学过程。由此建立的科学合理、动态立体的考核评价模式，不仅能够极大地提升学生学习的主动性、持续性和深入性，而且可以更好督促教师创新教学模式与方法。

相比传统教学模式，翻转课堂强调教学流程的翻转和网络学习平台、教学微视频的应用。基于此，翻转课堂教学评价呈现三个方面的特点：第一，评价因素多样化，是涉及教学环境、教学过程及教学结果等因素的综合活动；第二，评价对象多元化，是对课程平台、教师、学生等各对象的不同方面进行全方位评价；第三，评价信息来源全面化，应广泛收集听课老师、讲课老师、学生、教学管理部门等多方面的评价，然后在统计分析的基础上，作出总体评价。同时，翻转课堂评价应该关注教与学的互动性，关注翻转课堂结构的优势发挥，重视指标体系的可行性和可操作性。所以，翻转课堂教学质量评价体系的要素应当包含有四个方面，分别是：课前学习材料、课堂教学活动、学习支撑环境和教学效果，具体的教学评价指标体系如表 4-3-4 所示。

表 4-3-4　翻转思政课堂教学评价指标体系

一级指标	二级指标	评价标准
课前	教学微视频	视频内容符合实际学情；思想政治理论知识体系结构完整有条理，重点突出；具有趣味性。
	网络平台	功能完善，能够实现在线答疑、提交作业、观看视频等。
	学习任务单	任务设置符合学生认知结构，能够有效引发学生思考，学法指导针对性强。

一级指标	二级指标	评价标准
课中	问题分析	师生能够根据课前学习情况（成果展示）分析提炼出学习问题。
	知识讲解	能够结合学生自学情况进行讲解，可突破重难点，强调或者补充必要的知识技能点。
	课堂互动	教师设置恰当的问题情境，引导学生进行讨论，有效调控互动进程。学生能够积极参与问题讨论、共享、交流活动；能够顺利合作，完成各自分工并分享交流。
课中	答疑指导	教师能够针对学生的疑问及时提供帮助、予以点拨。
	信息技术应用	师生能够有效利用网络平台、视频资源及相关学习工具支持学习。
	评价鼓励	参照教学目标，对学生所分享的学习成果给予适当的评价，对学生主动参与课堂活动的积极性给予肯定。
课后	归纳总结	能够与原有知识相连接，建立知识体系，形成知识网络。
	师生反思	教师能够反思影响教学效果的因素，提出改进策略；学生能够主动反思自己的学习方法、过程及效果，总结经验并做出改进。

在确定评价指标之后，针对指标的特征属性和对教学效果的重要程度，确定各项指标的权重分配，形成翻转思政课堂教学评价量表，如表4-3-5所示。翻转思政课堂教学评价量表所反映的内容，应该发挥对课程教学改革积极有效的导向作用，帮助教师找出教学实施过程中存在的问题，从而使教师能够更好地把握实施过程中的关键点。教师在发现了问题之后，可以进行自我调整，这样不仅可以培养自我反思的能力，而且可以采取一些行动来对教学进行有针对性的调整，从而能够适应学生的学习需求，使翻转思政课堂的教学效果得到提升。

表 4-3-5　翻转思政课堂教学评价量表

一级指标	二级指标	评价标准	分值	评分等级			
课前	教学资源	教学微视频的内容符合实际学情，思想政治理论知识体系结构完整有条理，重点突出，具有趣味性		A	B	C	D
	学习任务	网络平台功能完善，能够实现在线答疑、提交作业、观看视频等，内容涵盖基础知识与技能点；难度适中，课前任务完成率超过80%					
课中	问题分析	师生提炼两类以上学习问题：一是反映课前学习困难，二是涵盖教学重难点					
	知识讲解	针对学习问题，侧重讲解教学视频中未涵盖的重点内容；针对学习活动，恰当讲解铺垫性内容					
	课堂互动	问题情境设置恰当，学生具有讨论交流的时间和空间，讨论活动主题明确，具有可视化的活动结果，活动小组分工明确，全部同学可以参与到活动中					
	答疑指导	针对学生的疑问，及时提供有针对性地解答；针对学习活动中的困难，有效引导小组分工、调控活动进程等					
	信息技术应用	视频、网络学习工具应用围绕教学难点，信息技术有效拓展学习内容的深度与广度					
	评价鼓励	学生得到两方面以上的评价内容（比如活动或过程），评价内容反映学习行为表现与结果评价，以鼓励性引导为主					
课后	归纳总结	综合课前、课中内容，能够与原有知识相连接，形成个人知识导图					
	师生反思	反思学习效果的影响因素，在下一次课前写出改进意见或方案					
课堂评语							

第五章　互联网时代思政教学平台的拓展

随着互联网时代的到来，高校思政教学在网络教学平台方面也有了长足发展。本章介绍了互联网时代思政教学平台的拓展。从三个方面进行了论述，分别是思政教育主题网站的建设、课外社交沟通平台的建设、移动互联网的应用。

第一节　思政教育主题网站的建设

一、高校思想政治教育网站简介

思想政治教育网站也叫"红色网站"，是高校按照网络运行规律和法则，利用网络影响有计划、有组织地传播马克思列宁主义、毛泽东思想、邓小平理论、习近平新时代中国特色社会主义思想等先进理论，全方位渗透马克思主义世界观、人生观、价值观，准确传达党的重大政策、方针和政治立场，培养遵守社会主义社会道德规范和具有较高素养"四有"新人的阵地。[①] 在 1998 年底，清华大学汽车工程系自发建立了我国第一个"红色网站"，它是一个共产主义理论学习主页，主要内容是思想政治教育，宗旨是"宗马列之说，承毛邓之学，怀寰宇之心，砺报国之志。"[②] 在之后的几年内，我国政府逐渐加强了对网络思想政治教育的重视，并相继出台了一系列相关政策，在其影响下，社会各界及个人也开始建立"红色网站"。"红色网站"是我国传统思想政治教育的延续和补充，众多红色网站的建立不仅开拓了思想政治工作的时空，还使得思想政治教育的手段更加多样化、多元化，在国民树立正确的思想观念和提升政治素养方面发挥着重要作用。几乎每所高校都有属于自己的思想政治教育主题网站，但其在大学生中发挥的作用并不显著。

---

① 李欣. 网络环境下学校思政教育的改革与发展 [M]. 长春：东北师范大学出版社，2018.
② 董刚. 新时期高校德育工作新机制研究 [M]. 成都：电子科技大学出版社，2009.

二、建好思政主题网站的路径

（一）合理定位

进行思想政治教育主题网站的建立工作要先有明确的定位。定位要立足校园，由学校进行网站的设计、建设及后续的管理工作，要做到网站有鲜明独特的主题，能让大学生在学习思想政治教育理论知识的过程中，学会思考问题、增强政治鉴别能力及加快了解社会规范的速度，使之成为大学生的网上精神家园、提升综合素质的园区和大学生舆论方面的导向标。

（二）精心策划

高校思想政治教育主题网站的建立要符合高校的实际情况，要精心策划网站，在开设频道和栏目上要做到有针对性和具有吸引力。

第一要设立思想教育类栏目，抢占思想舆论阵地的最高点，弘扬主旋律。网络的思想教育要有党的声音，要有正面的声音，把新世纪的最强音带给广大学生，让青年学生在世界观、人生观和价值观上得到提升，同时提高青年的判断力，使其能把握正确的政治方向，在网络上营造积极良好的舆论氛围，使这里成为新型的大学德育基地。

第二要设立关于新闻类的主题栏目。思想政治教育如果要拓宽自己的信息资源，那就要与大众传媒相互结合、取长补短。因此，在给学生传递新闻信息时，不仅要有校内外的新闻，还要有国内外的新闻信息，提升学生在面对不同的信息时的分析能力，让思想政治教育的吸引力、辐射和感染能力得到增强。

第三就是设立服务类的相关项目，使网络服务育人发挥出理想效果。如开设网上辅导员流动站、心理以及就业指导中心、校园文化活动服务中心等栏目，同时还应该考虑开设交互性频道，如"同学录""留言板""网上调研"等，建立友情链接、个人主页、搜索引擎。

（三）加大思政栏目建设的力度

思想政治教育主题网站建设要把思想政治教育栏目作为最主要的栏目，如可以开设"马克思主义青年观""名人论青年""理论教育书籍推荐""理论热点聚焦""要点解析"等栏目，让网站成为传播红色思想的主要平台，成为大学生成长的精神支柱，为大学生提高辨别和增加抵抗力提供帮助。思政栏目的目标就是要发挥网络服务的育人作用，同时为学生的学习和成才创造良好的条件，因此要在栏目开设上多加入"大学生学习观""哲思驿站""大学生思想动态"等内容，在栏目内容中体现出思想性、趣味性、知识性、服务性，为学生提供一个快速、便捷、低成本的思政学习渠道来丰富知识，拓展视野，交流思想，实现教育、管理、服务、环境等育人的有机结合，为学生、教职工构建一个共享的知识家园。

（四）切实增强网站吸引力

网站的建设要突出动感与个性。"动起来"就是将网站中存在的问题改掉，如网站信息量小、信息的更换速度慢、网站设计不美观实用等，每天都会有新的信息出现，网站要做到信息实时更换，体现出即时性的优势；"活起来"就是充分利用电视、图像、动画、直播等形式，将思想教育的内容形式从平面转为立体，从静态转为动态，为思想政治教育创造一个动态的、网络化的环境。在人文角度来看，网站要有自己的独特个性的特点；在形式方面来看，网站的各个部分都要有鲜明的个性特征，如网站的页面颜色、命名、字体的选择、标识和宣传语拟定等方面。在这些方面做到有个性，且精心设计图案不仅能增加强烈的视觉冲击力和美感，也能充分体现网站的独特风格和内涵。

（五）齐参与、共管理

思想政治教育主题网站的建立需要学校各个部门共同协作来完成，因为它的建立是一项极为复杂的系统工程。专题网站应由学校党委直接管理，在学校党委宣传部的指导下，由思想政治理论课教师、各党群部门、学生组织和计算机网络技术部门组成联合工作小组，共同创建网站，强调分工协作的原则。

思想政治教育网站是大学生的精神家园，大学生理应成为这一特殊家园的主人。作为"主人"，他们有责任、有义务参与网站的建设与管理。大学生参与思想政治教育主题网站的建设与管理主要有以下三个理由：一是充分体现了"自我教育、自我管理、自我服务"的"三自"育人精神；二是他们充满活力，创新意识强，适应网络技术日新月异的发展要求；三是他们最清楚学生在想什么，需要什么，其意见与建议往往最能体现"三贴近"的原则。因此，思想政治教育主题网站的建设与管理是不能没有学生的参与的，一定要在指导教师的带领下，放心大胆地依靠学生建网站、管网站，通过"共建共管"来打造学生的网络家园。

此外，网站建设与维护工作要充分发挥青年学生在网站开发、建设和维护过程中的积极性，明确责任和任务分工。学生们不仅可以在参与中学习和提高利用网络知识的技能和能力，还可以通过学生的自我教育，锻炼他们的组织和领导能力，提高他们的政治意识和责任感，在网络道德建设中发挥更好、更积极的作用。

第二节　课外社交沟通平台的建设

一、发挥微博作用

（一）微博简介

我国在 2009 年 8 月由新浪推出"新浪微博"内测版，新浪是我国各个网站中第一个提供微博服务的网站，微博正式进入中文上网主流人群的视野中。随着微博的快速发展，微博在学生中也变得愈发受欢迎，由于学生群体庞大，因此在微博中诞生的网络热词传播速度更快，由此也就形成了微博效应。

微博为人们提供了一个可以发布信息和接受信息的网络平台，在平台中，用户既可以浏览自己感兴趣的信息，也可以发布信息以供他人浏览。微博得名的原因就是在发布内容时会有字数限制，一般为 140 字，导致发布内容较短。但它最大特点就是信息发布速度快，传播速度也快。

博客发布信息时注重版面的布置，而微博内容就较为简单，可以由几句话组成，对用户的技术要求门槛更低，在语言的组织上，只需要反映自己的心情，不需要长篇大论，更新起来也方便。

（二）微博与学生思政教育

1. 掌握大学生思想脉络

当代大学生个性突出，情感丰富强烈，渴望表达，许多时候现实生活中的情况却并不允许其自由地吐露心声。所以，在现实生活中，想要深入、及时地掌握学生的思想状态是很难的，一方面，学生在现实生活中主动自我表达的兴趣远远不足，这为掌握学生思想状态的第一手资料带来了困难；另一方面，面对面的谈话容易给学生造成压力，从而影响其对真实情况的表达。而如今许多大学生喜欢在微博分享自己生活中的点滴，尤其是遇到挫折或取得成功时。此类表达常常能反映学生真实的内心感受，是纯主观的表达。因此，思想政治教育工作者可通过留意学生的微博，第一时间掌握学生的思想动态，及时发现并解决问题。

2. 增强思想政治教育沟通协调

传统的思想政治教育以团体活动（集体观看相关文字或多媒体材料、组织演讲比赛或讲座等）或一对一访谈等形式为主。前者覆盖面广，却无法有针对性地根据每个学生的情况开展相关教育；后者虽然拥有很强的针对性，却难以大面积地进行。而微博则兼顾了这两方面特性，切实保障学生隐私的同时，信息交流的迅捷快速也提高了工作效率，使辅导员既可大面积地开展思政教育工作，又能根据各学生的具体情况精确地调整方案。此外，教育者还能通过微博开展答疑解惑的活动，通过微博发布最新的学院通知、就业信息、考试信息及生活提醒，分享学习资料等。微博的使用，让教师与学生保持心与心的沟通，摆脱传统思想教育的死板，让思想教育的过程不再似原有那样枯燥乏味。

3. 拓展思想政治教育内容

大学生对新鲜事物的求知欲望远远超过陈旧的事物，互联网则恰恰擅长即时信息的更新。依托互联网，基于微博的思政教育因此拥有了丰富的资源。教育者可以通过最新的社会事件引发学生的兴趣，以此更好地开展国情教育和时事教育。如今各大传统媒体，如《人民日报》、中央电视台、各大地方卫视等纷纷开设了官方微博，能第一时间发布权威简讯，并提供详细报道的地址，对这些资源加以利用也能缩短搜集资料的时间，节省大量精力。

4. 增强思想政治教育时效性

相对于线下的思想政治教育，网络教育途径的时效性更强，微博的主要特点是发布、浏览、转载信息的速度快、数量多、及时、准确、细致。教师在借助微博与学生交流时，很容易发生思想的碰撞，而这种碰撞恰恰是对学生进行教育和提高的过程，有利于提高思想政治教育工作的时效性。

（三）充分发挥微博作用

1.建立完善的微博运营支撑体系

高校应完善微博运营管理机制，建立包括主管学生的领导、思想政治理论课讲师、辅导员在内的专项工作组，并委托学生社团加入，整合校园内不同部门的资源，在校园内建立涵盖娱乐、生活、学习等各个方面的校园育人平台。学校要对运营微博平台的队伍进行管理培训，提高平台的建设和管理水平，强化处理应对微博突发事件的能力。到目前为止，高校利用微博平台开展思想政治工作正处于起步和探索阶段。以复旦大学为例，复旦大学的官方新浪微博在复旦大学网络宣传办公室的指导下，与复旦大学学生会、青年志愿者部等多个组织合作，旨在将学生的德育教育与学生微博的日常使用相结合，从而发挥微博的服务和教育功能。

2.重视建好学校和辅导员微博

（1）要建立学校的微博平台。微博的优势就是信息的传播快，有即时性和便捷性的特点。学校要利用好微博的这一特点，为学生服务并改善管理。学校可以通过微博平台发布各种教学通知、文件、自习室的空座通知等信息；图书馆微博账号可以提供个性化的服务，如新书信息、学术交流和讲座、借阅提示、图书检索等。学校还可以通过微博以话题的形式进行民意调查，了解师生的真实想法并采纳合理建议，这将有助于学校的发展。

（2）需要确保每个辅导员都有博客和微博。辅导员处于大学校园教育工作的前沿阵地，想要准确了解学生的思想动态，积极引导学生，那必然需要进入互联网这个新的思想阵地。如果辅导员开通微博，就能缩短与大学生的距离，从而能及时了解大学生的思想动态。

3.建立系统有效的微博管理体系

近年来，许多高校尝试在工作中使用微博，但由于缺乏系统的管理机制和良好的沟通方式，微博没有受到足够的重视，因此仅限于发布公告、新闻等信息，在话题设置和相关沟通方面没有显著成果。如何满足学生的需求，找到与学生合作的新途径，让学生参与其中，取得实际效果，实现师生的远程交流，使高校思政教育健康、多元？要解决这一问题就要求高校把建设和完善分工明确、责任到人的微博管理体系作为重点，以学院班级为单位，分层面进行管理；在内容上，应改变传统的公告风格，适应学生的喜好，针对学生对微博内容的疑问和不明确之处，设计及时、全面的反馈机制，及时解决学生的问题；还要建立相关的预警机制，对于学生存在的潜在矛盾要实时掌握，把存在的潜在问题消灭在萌芽中。

4. 要占领微博阵地话语权

高校要充分挖掘微博中意见领袖的作用。意见领袖是指在人际传播网络中，常为他人提供信息并对他人产生影响的"活跃分子"，其在大众传播效果的形成过程中起着重要的中介或过滤的作用。在微博平台上会有许多学生关注同校的教师或其他学生，这不仅有利于扩大人际关系，也能拓宽接受信息的渠道。在这个过程中，有的微博博主粉丝多、文章被转发的次数多，这时博主就充当着意见领袖的角色，且他们具有的网络舆论影响力也十分强大。高校思想政治工作人员应主动挖掘这些意见领袖，打造"校园明星学生"和"校园明星教师"，让其用主流的建设性声音感染、教育和引导学生，为他们创造健康、积极的环境。这样一来，思想政治工作就会取得事半功倍的效果。比如，很多高校都有名气比较大的专家、教授，既为广大大学生所熟知和喜爱，又为他们所敬仰和钦佩，如果能让这些专家、教授开设实名微博账号，在上面展示他们的学术观点、科研论文、调研理论、思想感悟等，势必会引起广大学生的关注与追捧，既能在师生之间展开交流，又能对大学生的成长成才进行良好指引与引导。

二、QQ 平台与思政教育

作为大学生思想政治教育载体的 QQ 平台，是指思想政治教育的主体利用 QQ 平台向思想政治教育客体传递思想政治教育的内容或信息，引发思想政治教育主客体之间的互动的一种活动或信息平台。QQ 平台的特点是虚拟性和隐蔽性，所以它既与传统的开会、理论学习等活动形式不同，也与报纸、书籍等物质实体有差别，它是一种新的思想政治教育载体形式。

思想政治教育工作者作为思想政治教育的主体、是思想政治教育工作的组织者和实施者，对落实思想政治教育的成果有着核心作用。另一方面，教学主体对活动的态度决定了活动是否能够成功。因此，教师要从思想上重视 QQ 平台在大学生思想政治教育中的作用，从手段上建立 QQ 群，充分利用 QQ 空间加强对大学生的思想政治教育。

（一）重视 QQ 平台的作用

处于青年时期的大学生普遍接受新事物的能力较强，能够在短时间内学习并掌握新知识，同样大学生对 QQ 平台的操作也能在短时间内熟练掌握。但有的思想政治教育工作者则对 QQ 平台和网络持怀疑态度，不会主动使用 QQ 平台，这不仅为提高思想政治教育的效果带来不便，也使思想政治教育主体无法适应网络时代思想政治教育工作的要求。因此，教师在利用网络进行大学生的思想政治教育的方面还需要提高，QQ 平台应用于思想政治教育也对教育者提出了新的要求，要学习互联网知识、利用新兴媒体与学生进行交流，了解学生的思想和心理发展状况，从而能在开展思想政治教育活动时对学生进行因材施教。因此，思想政治教育工作者不仅要对 QQ 平台加以重视，还要充分利用其简单便捷的特点进行思想政治教育，可以将思想政治教育内容与 QQ 平台进行结合，让学生在潜移默化的影响下提高思想境界，树立正确的世界观、人生观和价值观。

（二）提高 QQ 平台教育能力

思想政治教育工作者的素质高低与思想政治教育工作能否顺利开展相挂钩。随着网络的不断发展，社会对思想政治教育工作者的素质要求也在不断提升，教育者不仅要具备较高的综合素质，如教育素质、身心素质和道德素质，还要熟练掌握网络技术，提高其网络应用素质。因此，教育者要通过各种途径加强学习；要能够独自完成 QQ 网络平台的使用并熟练掌握；挑选出能服务思想政治教育信息的载体，跟随时代发展不断探究其新的功能；多与其他同行进行交流，相互借鉴经验、互相学习；关注大学生对思想政治教育在 QQ 平台上的反应，提高个人在网络上进行思想政治教育的能力。

第三节　移动互联网的应用

一、移动互联网与大学生思想政治教育相关性

在互联网技术发展的背景下，有越来越多的大学生使用移动互联网。在以手机为载体的基础上，移动互联网对大学生思想政治教育的方式方法选择的影响和

对其机制的指导作用也日渐显现，可见移动互联网传播的内容与思想政治教育具有关联性。为此，高校思想政治教育要对学生进行正确引导，引导学生正确使用互联网，使其能对移动互联网传播的内容进行正确的分析；对学生进行移动互联网的道德、法律和最新技术教育，有意识地对学生进行思想政治观念和良好、积极的伦理道德规范教育，使当代大学生能够全面发展。其次，学生对移动互联网的认识和正确使用的能力决定了学生的思想政治素质和思想政治教育要有时效性。移动互联网使大学生的信息传递和交流不再受时间和地点的限制，可以随时随地接触到既有正面信息又有负面信息的网络交流，因此高校要加强大学生的思想政治敏感性。教育主体必须有意识地抵制不良信息的诱惑，思想政治教育工作者要在移动互联网平台上，建立一个能够平等自由的交流渠道，在移动互联网的影响下建立教育者与受教育者之间的信任和尊重关系，才能有效地加强大学生的思想政治教育的时效性。

二、手机的广泛使用为大学生思想政治教育提供了平台

相比于传统的媒体，手机上的媒体更加受大众的喜爱，在高校内人手一部手机的现象随处可见，学生可以利用手机进行学习、交流和娱乐等各种活动。因此，高校的思想政治教育需要将传统媒体与新媒体紧密结合起来。科学技术的发展体现在移动互联网上是一个新时代的象征，是对传统四大媒体的融合与改革，其优势是传统的媒体、传统的思想政治教育方式无法相比的。对传统的电视、报纸、广播和网络的整合在如今体现在手机电视、手机报、手机上网等方面，因为手机小巧便携的特点，使得学生与教师之间能更方便的交流互动，也使传播更加有效。手机不仅为大学生的思想政治教育平台提供了广阔的发展空间，还为高校的思想政治教育提供了新的载体。移动互联网的使用为高校思政教育者与学生的交流带了便利，不仅提高了信息的传播速度，还降低了教育的支出成本，还能让教师实时、便捷地掌握大学生的思想。同时学生也可以接受这种教育形式，最终达到高校思政工作者与大学生主客体之间共同参与交流作用的目的。因此，移动互联网在突出自身优势融合其他媒体的同时，必将成为大学生思想政治教育载体的有效平台，大学生思想政治教育的内容和形式要想进一步创新和发展也离不开移动互联网。

三、移动互联网为大学生思想政治教育提供了实践和技术支持

移动互联网的特点有便捷性、收发信息和阅读信息的强制性、普遍性，还有能够自由交流的空间。随着网络技术的发展，时代对思政教育者和学生的要求也在不断提高，要求他们掌握移动互联网的最新技术，如微博、微信、QQ、浏览器、手机阅读和手机录像等多媒体工具。教师可以利用这些技术工具对大学生在思想政治方面进行寓教于乐的教育，并使其掌握所学习的知识。除了对工具的使用要熟练掌握，教师还要了解其发明的相关理论知识和一些移动通信技术的建设及运用原理；此外，还需要了解移动互联网特有的表达方式，它比传统语言更便捷、幽默，不仅增加主体和客体之间的互动频率，还让使用者有着浓厚的兴趣。只有了解这些技术，才能利用好这些技术进行沟通交流，从而增强思想政治教育主客体之间的信任和好感，实现以移动互联网为基础平台进行大学生思想政治教育。

四、手机直播时代给高校思想政治教育创新带来的机遇

（一）利用手机直播特点，变革传统思想政治教育方式

伴随着直播的发展壮大，手机直播或收看直播在学生中越来越受欢迎，并逐渐成为大学生的娱乐方式，这种可视化的形式为高校思想政治教育的创新带来了机遇。在互联网时代，大学生是具有独立性的个体，他们通过网络就能获取各种形式多样的信息。教师和学生之间也不再是单向的信息传递关系，在某种程度上，教师和学生的关系已接近平等。因此，思政教育者要与时俱进，及时更新教育理念，与学生进行交流互动，了解他们的思想动态。

近几年，高校和思想政治教育工作者意识到了利用互联网进行思政教育的重要性，开始顺应互联网时代的发展，注册微博官方账号和微信公众号，和学生进行交流互动，从而及时掌握学生的思想，加强学生的思想政治教育。微博和微信的传播采用一对多的方式，在进行信息的发布时，能极大减少思政教育者的工作量。需要进行互动交流时，教育者可以采用以手机直播形式为主的一对多单向传播。手机直播是一种实时视频互动形式，能实现师生之间的零时差交流，同时还能借助弹幕功能实现实时的一对多互动。这时教师或辅导员就可以利用这一功能开通直播房间，与学生进行交流并给予生活和学习上的指导。因为软件可以进行

匿名，所以在面对教师时，学生不会有太多的紧张感，能够畅所欲言。这种互联网直播教育不仅减少了思政教育者的工作量，还能拉近与学生之间的距离，从而使思想政治教育更贴近学生的生活。

（二）利用直播软件实时可视化功能，探索远程思想政治教育新形式

伴随着网络信息技术的不断发展，远程教育在发达国家也逐渐火热起来。英国在 2001 年就提出了"E-university"计划，目的就是建立一所能与全球学生共享校内所有课程的网上大学。在最近几年，我国也加强了对教育平等与教育资源共享的重视，开始逐步建立远程教育网站，并上传了一系列国家级精品课程，如国家精品课程资源网、中国大学视频公开课等。这些网站有优势，也有劣势。优势是提供了名师的教学资源，劣势是录制视频与后期剪辑视频过程复杂，学生也无法与教师进行实时的互动，从而导致网络教育实际产生的效果并不理想。

手机直播是对远程教育的一个良好补充。首先是通过手机进行直播时，所用到的设备简单，只需要手机和固定支架就能从多个角度进行现场直播。其次是手机直播有弹幕功能，学生可以通过弹幕与教师进行实时沟通，教师也能有针对性的解决学生在课程上遇到的难点。同时教师可以通过直播的点赞的功能及时了解课堂的教学效果。最后，观看直播的对象不受限制，直播可以面向全国学生开放，这有利于实现多所学校的课程资源实时共享，同时也为开展远程思想政治教育理论课程带来了机遇。教师可以利用直播平台的可视化功能，对课上未讲完的内容进行延续和补充，打造思想政治教育的第二课堂。

（三）利用同龄人之间的相互影响，促进大学生思想道德发展

高校思想政治教育的传统教学形式是以思想政治教育理论课为主，讲授课程的主要方式是说服教育。因为理论课的教学内容较为抽象，且在说教式教学中，教师和学生都处于被动的状态，教师机械地讲授课程，学生缺乏学习的兴趣和积极性。手机直播的兴起为思想政治教育走出课堂提供了条件。

影响人成长发展的重要环境因素是同辈群体，在青少年时期，这一影响更加显著且极为重要，同辈群体的影响可能会超过父母和教师的影响。因此，高校思想政治教育可以在同辈群体中通过手机直播树立"意见领袖"。同辈中的"意见领袖"或榜样更具影响力，更有利于促进大学生的思想道德发展，不仅可以对大

学生进行价值引导，帮助大学生树立正确的社会主义核心价值观，还能通过这些榜样或"意见领袖"的行为来激励大学生发展自我、提升自我。

五、手机 APP：大学生思想政治教育新载体

APP 是手机和平板电脑中第三方应用程序的简称，全称是 APPlication。伴随着移动互联网技术的不断发展，智能移动终端也在快速的普及，APP 也出现了爆发性的增长。2014 年，在众多应用商店中拥有 APP 数量最多的是谷歌 Play Store 和苹果 APP Store，数量分别为 143 万和 121 万，[①]APP 涵盖了资讯、通信和娱乐等各个方面，是一场人们从未感受过的交互体验。我国的 APP 数量在 2016 年就已超过 1700 万个，大约八成的网民手机中下载有 30 多个 APP 应用。[②] 对于大多数"60 后""70 后"，APP 可能是一个需要不断去适应的新鲜事物；但对"80 后""90 后""00 后"，APP 已经渗透到了其生活和学习的各个方面，在思想观念和生存方式上带来了深刻的变革。

（一）APP 影响大学生的思想行为

在移动互联网时代，APP 不仅是一场技术革命，也是一场世界观的变革，APP 正在改变大学生的思维和行为方式。当今的大学生是"APP 一代"，他们不仅沉浸在 APP 里，而且把整个世界认为是 APP 的组合，把自己的生命看作一系列有序 APP 的集合，又或者在很多情况下，是一个单一的、延展的、从摇篮到坟墓的超级 APP。在移动互联网的影响下，学生认为在 APP 中能快速地完成任何事情。

（二）APP 满足大学生的学习需求

APP 安装在移动电子设备上，可以在不同的时间和场合，提供模块化、情境化和娱乐化的信息，为大学生创造一个随时随地可以学习的环境，完全打破了大学生在时间、地点和课堂学习模式上的传统限制。此外，使用 APP 可以让大学生根据自己的习惯、兴趣和特点自主选择学习内容和管理学习进度，并通过批判性

---

① 极客网 . 极客早点：2014 美国风投总额 520 亿美元 谷歌应用数量首超苹果 [EB/OL](2015–01–16)[2023–01–20]. https://www.fromgeek.com/newspaper/14912.html
② 孙中东 . 畅想未来银行模式 [M]. 北京：世界图书出版公司，2019.

提问、探究式求证和应用化取舍解决实际学习问题。这种以 APP 为媒介的移动化、即时化的学习渠道，不仅满足了学生自主学习、情境学习和终身学习的多方面需求，还促进了学生的独立个性发展和创造性思维的培养，不断促成了以学生为中心的学习范式。

（三）APP 参与大学生的身份建构

每个学生都是一个独特的个体，手机屏幕上新奇有趣的应用不仅是他们实现个性和表达自我的方式，也是他们个人特质、兴趣和习惯的重要体现。大学生不仅喜欢微信、QQ、淘宝等大众 APP，还喜欢能体现出个性、品味和自由的小众 APP，如"火柴盒""指尖心率""单读"等。不管 APP 有多小众、奇特，大学生总能在其中结识到身份相仿、志同道合的伙伴，并在交流中建立亲密的关系，从而增强归属感、形成共同体。可见，APP 已经在大学生对身份的思考和探究中有所显现，这不仅能帮学生确立和完善自我认同，还能促进大学生获得群体的认同。

（四）APP 充实大学生的碎片时间

APP 的简单便捷充实了大学生的碎片时间，使得大学生的碎片时间能最大程度得到利用。即使是在乘车途中或排队间隙，大学生都可以瞬间进入程序，分秒之间就能写一封邮件、看一则新闻、玩一局游戏、发一条评论。通过手机 APP 获取信息的路径既简单又快捷，给大学生的生活带来更加愉快的体验和便利。

伴随着移动互联网的快速发展，出现了越来越多的大学生网民，大学生纷纷开启了 APP 生活。因此，APP 作为大学生思想政治教育的新载体是十分重要且必要的。

（五）APP 作为大学生思想政治教育新载体的优越性

1. APP 能够有效融合多种媒介，实现资源的深度挖掘与集聚

把 APP 作为教育向移动互联网延伸和发展的渠道和平台，让思想政治教育不仅有传统媒介，如电视、报纸、广播和杂志等，还有社交网站、搜索引擎和电话通信等新媒介，这为大学生的思想政治教育带来了一种新的媒介应用方式。APP 还是一个极具兼容性的容器，其内容涵盖了图片、视频、文字、音频和动画等海量资源，通过链接实现了分散信息的关联与整合，达到了"图、文、声、像"并

茂的效果，使大学生的思想政治教育形式更加丰富多元化。总之，APP 是包含多种媒介形式的复合媒介，拥有极强的承载力和整合力。

2. APP 与大数据技术紧密联系，促进信息的个性定制与服务

每个 APP 都会有大数据和云计算的支持，通过对用户信息的采集、存储使用记录来满足用户对个性化内容的需求。如"今日头条"能给大学生推送学生本身喜爱的热点资讯，"乐动力"能为大学生量身订制科学的运动目标。因此，将 APP 作为大学生思想政治教育的工具，思想政治教育工作者可以通过其海量数据分析来预测大学生的思想行为，针对每个目标群体的个体差异和不同需求，实施精细化的服务。随着使用该 APP 的学生数量的增加和数据信息的丰富，基于大数据分析的预测将变得更加准确，服务也会更加完善，从而吸引更多的学生使用该 APP，形成一个良性循环。

3. APP 具备极强的交互性，有利于主体间的多向交流与互动

APP 能在第一时间激发大学生的兴趣和积极性。其特点除了有设计精美、简洁的 APP 图标，最重要的是 APP 的社交分享功能可以为学生提供一个互动、交流和对话的开放空间。一方面，大学生将 APP 作为一个自由的论坛，随时随地表达自己的想法和感受，对自己感兴趣的话题进行点赞、评论和转发。另一方面，思想政治教育工作者可以利用 APP 上的各种社区、圈子、小组讨论，参与大学生的日常生活，在最佳时机通过文字、照片、视频、音频等方式与大学生交流，或者保持一对一的深入交流，以渗透和融入大学生的具体生活。因此，APP 是思想政治教育主体之间信息互换、思想情感交融的重要推动者，促进了大学生思想政治教育从单向灌输到互动协作、从静态孤立到动态参与的转变。

第六章 互联网时代思政教学教师队伍的建设

本章介绍了互联网时代思政教学教师队伍的建设。分别从互联网时代思政课教师队伍指导理念、互联网时代思政课教师队伍建设要求、互联网时代思政课教师队伍建设途径进行论述。

第一节 互联网时代思政课教师队伍指导理念

一、互联网环境下教师队伍建设

（一）建设的必要性

加强高校教师的思想理论修养，对于贯彻党的教育方针至关重要。有些高校对高校教师思想政治理论课教师队伍建设认识不足、重视不够。高校领导对一项工作的重视与否往往取决于此项工作的业绩状况如何，这些领导认为高校的资源有限，有为才有位，好钢要用在刀刃上。高校思想政治理论课的效果不尽如人意，拿出精力、财力扶持其教师队伍建设就是浪费资源，得不偿失。这种认识和做法看似有道理，但实际上很不妥当。高校不能等教师队伍素质提高了，教育效果优秀了才去关注思政教育工作，不能用"有为才有位"的态度对待思政教育，而是要在这支队伍表现不优秀的情况下给予关怀和支持，帮助他们提高素质，创造好成绩，突出"有位才有为"的理念。坚持党的教育方针的本质体现了社会主义大学的本质特征就是开设思想政治理论课，开设思政理论课也间接反映了国家的意志和需要，大力建设和发展高校思想政治理论课教师队伍是在完成国家赋予的任务。因此，无论思想政治理论课教师是否作出了突出成绩都要给予支持。各地各高校都有义不容辞的义务，就是投入必要的资源来组建教师队伍，以落实党的教育政策。

重视高校思想政治理论课教师队伍建设，是遵循高等教育规律的必然要求。加强和改进高校思想政治理论课，与其他课程一样也必须遵循规律。遵循高校思想政治理论课教学自身的规律和大学生成长成才的规律是必要的。无论是对整个高等教育还是高校的思想政治理论课而言，要想提高教育质量，教师都是决定因素。在教育教学中，高校不仅要牢牢抓住教学方法改革、教材建设和学科建设等环节，还要加强对教师队伍的建设。在高校中有这样一种现象，就是教学和科研同样都是高校中的重要工作，但由于各种因素的影响，出现了两种不同的情况，教师将其比喻为上坡和下坡。大学做研究的积极性很高，所以研究是自发的，处于下坡。而教育因为自发性少，所以是上坡。可以做另一个比较：在教育方面，专业课程和思想政治理论课程相比，专业课程更自发，而思想政治理论课则不那么自发。因此，高校应该鼓励和支持这类课程，并促进其发展。

如今，高校思想政治理论课新方案工作在实施过程中处于突破困难、爬升的阶段，如果在这逆境中不前进的话，就会倒退。在这过程中也会遇到各种困难和挑战，这同时也要求高校要开展多方面工作克服困难，迎接挑战。最终的效果就是要开发出让大学生喜爱并能从中获益的课程。要通过全面提高高校的课堂教学效果来达到这个目标，因为每位教师就代表一个课堂，每位教师的教学效果各不相同，课程也无法相互替代，因此，要在课堂中完成提高教学质量任务，需要教师队伍不断成长和努力。教师的思想政治素质、教学水平和业务能力的提高与教学状况是否实现改善目标有关。因此，加强高校思想政治理论课的教师队伍的建设是势在必行的。

（二）建设的不可替代作用

高校思想政治理论课是大学生思想政治教育的主渠道和主课堂，在提高大学生思想政治素质，把他们培养成为中国特色社会主义合格建设者和可靠接班人方面具有不可替代的重要作用。作为思想政治理论课的承担者，教师对思想政治理论课教育教学质量和水平起着关键作用；作为大学生思想政治教育的一支重要力量，高校思想政治理论课教师队伍的素质决定着大学生思想政治教育的实效性。因此，加强高校思想政治理论课教师队伍的建设，首先要把高校思想政治理论课教师队伍的建设纳入教育事业发展和人才队伍建设的总体规划中，加强领导，统筹安排。高校要坚持以教学科研组织建设为平台，以选聘配备为基础，以培养培训为推手，以学科建设为支撑，以制度建设为保障，以实现教学状况明显改善为目标，培养一批坚持正确的政治方向、理论功底扎实、善于联系实际的教学领军人物、中青年学术带头人和骨干教师，建设一支政治坚定、业务精湛、师德高尚、结构合理的教师队伍。

多年的经验证明，高校思想政治理论课的教学难度丝毫不低于其他专业课程，对教师的要求高于其他专业课程。要想成为一名高水平的思想政治理论课教师，首先，要有过硬的思想政治素质。高校思想政治理论课教学具有鲜明的意识形态性，作为思想政治理论课教师，要对自身所教的理论真信、真用、真懂、真教。其次，要有较高的教学水平和先进的教育理念。在多样化的社会环境中，一方面，社会不断从理论层面给高校思想政治理论课教学提出新的课题；另一方面，学生的思想也日趋复杂和多元，对高校思想政治理论课教学的要求也越来越高，这些使高校思想政治理论课教学和其他课程相比，有特殊的难度。因此，相对于其他课程的教师而言，思政教育对思想政治理论课教师的教育思想和教育能力有着更高的要求。再次，要有过硬的学术水平。马克思主义理论强大的说服力和解释力来源于其理论内的科学性，思想政治理论课教育教学的实效性，从根本上必须依靠"以理服人"来实现。

目前，思想政治理论课教师队伍并不理想，人员不足，素质参差不齐，缺乏优秀中青年学术带头人，这些都是不争的事实。在实际教学过程中明显感到，思想政治理论课教师的学术水平从根本上制约着教师的教学水平。要加强思想政治理论课教师队伍建设，就必须要抓住主要矛盾。矛盾总是在比较中凸显出来，将思想政治理论课与其他专业课程相比较发现，思想政治理论课教师教学投入、敬业精神、奉献意识等都很好，学历也不低，教学水平甚至优于其他很多专业课程老师，主要的区别就在于学术水平。即人格魅力不差，学识魅力不足。学识魅力不足不仅表现在科研能力上，也表现在学术意识、学术态度上。但凡人格魅力不差，学识魅力较好的教师通常教学效果都是很好的。虽然有些教学型教师也会有较好的教学效果，但大多缺乏后劲，不可持续。造成学识魅力不足的原因主要是长期以来在教师队伍建设方面，高校往往只"做加法"，而忽视"做减法"，从而造成加法效果大打折扣。多做些加法，如特殊的学位提升计划、诸多的教师培训、职称评聘等，不容置疑，这些都是必要的，也起到了一定的作用。然而，思想政治理论课教师学识魅力普遍不高，原因自然是多方面的，在全国大部分高校中，思想政治理论课教师与其他专业课程教师相比，最大的不同就是教学任务过重，教师承担的教学量太大。据调查，有的省市思想政治理论课教师只占学校教师总数的 3% 左右，却承担着 10% 以上的教学量。某省的调查显示，一半本科学校思想政治理论课教师年均课堂讲课在 300 学时以上，普遍高于其他专业课教师。[①] 在某种意义上，思想政治理论课教学变成了一种机械性的体力劳动，思想政治理论课教师的科研时间所剩无几。由此造成思想政治理论课教师科研成果少，进而还造成了管理层或其他专业课教师认为思想政治理论课教学不需要科研。久而久之，思想政治理论课教师科研意识降低、科研热情下降，科研能力无从谈起。如此，即使水平再高的教师，其学识魅力也会大打折扣。因此，解决问题的关键在于做加法的同时，还得做好"减法"。

要减轻思想政治理论课教师的教学负担，首先，使该门课程的教学任务回归到与其他专业课程同等的正常状态。其次，要减轻思想政治理论课教师的心理负担，营造相对宽松的教学环境。国家、社会和学校各方面的高度重视和高度期待，思想政治理论课鲜明的意识形态都对高校思想政治理论课教师提出较高的要求，同时也对思想政治理论课程及思想政治理论课教师存在种种成见和偏见，有形或无形地给予了思想政治理论课教师心理或能力上的压力。适度的压力是好事，而过度的压力会使教师感觉不到或体会不到教学的乐趣，更谈不上快乐教学。给思想政治理论课教师创造相对宽松的环境，能激发他们内在的潜力和巨大的创造性，使他们的主动性和积极性得到更大限度的发挥。

总之，思想政治理论课教师队伍建设有不可忽视的重要性，工作要找准方向，做好加法和减法，国家、社会和学校都要给予其高度的重视并赋予实际行动，才能让教师队伍建设得以顺利实现。

---

① 丰捷，胥丹丹．高校思想政治理论课是否受欢迎，关键看教师 [N]．光明日报，2008-04-02（005）．

二、培养教师队伍新理念、新意识

（一）培养四个理念

1. 互联网理念

伴随着"互联网+"时代的快速发展，各高校已经逐步展开思想政治教师互联网化工作。根据当前的教育形势来看，各大高校也都意识到了，高校思想政治教师互联网化不仅是高校学生占有思想政治教育内容的一部分，也属于学校教师管理的一个部分，更是学校校园文化建设的一部分。

教师队伍不但要有互联网观的意识，还必须是积极向上的。作为影响人类发展过程的一种新的实践手段、新的生存方式、新的体验方式来说，互联网有着它自身独特的功能、作用、本质及特征，然而这需要人类对它不断地探索并合理地掌握。作为教师队伍，必须清晰地认识到这一点，树立正确的互联网理念。

2. 服务理念

大学阶段是高校学生思想和心理快速成长成熟的阶段，这个阶段高校学生的思想极易受到外界的影响。在互联网信息社会中，面对多元文化、思想意识形态、多元价值观特点的现实社会，高校学生的思想和心理在相关的程度上也将受到冲击。[①]

因此，高校的思想政治教育教师要主动开展互联网思想政治工作，改变原有的工作态度和方法，坚持网上网下互动，实事求是地开展工作，使高校学生容易接受，给予配合。"互联网+"时代的高校思想政治教育工作也能够顺利开展。

此外，高校相关部门也要主动配合高校互联网思想政治教师队伍的校园文化建立工作，让学生在校园文化的积极熏陶下接受良好的思想政治教育，不断提高思想政治水平。

3. 民主理念

教育平等性主要体现在以下两个方面：一是受教育队伍的平等性；二是受教育队伍与教育队伍的平等性。在借助互联网的过程中，每个互联网用户都属于互联网的终端，教育队伍对受教育队伍进行相关的教育时，可以是点对点的教育，也可以是点对面的教育，在教育实施的过程中，受教育队伍具有平等性。

---

① 季海菊. 新媒体时代高校思想政治教育的解构与重塑 [M]. 南京：东南大学出版社，2014.

另外，在"互联网 +"时代，教师队伍与受教育队伍之间的平等性也会常常发生某种程度上的倾斜现象。由于在互联网上交流的双方或多方是平等的，教师队伍与受教育队伍之间的信息接收过程是平等的，可能会出现教师队伍所掌握的内容落后于受教育队伍的情况，因此，教师队伍的权威受到挑战。也就表明，教师队伍应合理对待自己的角色，不应表现出居高临下的态度，应该树立民主化理念，尊重学生的主体意识，与学生共处，做学生的良师益友，从而增强思想政治教师工作的亲和力。

4. 实时理念

"互联网 +"时代是一个高速发展的信息时代。对教师队伍而言，如何正确地把控和引导信息传播，是一项即将面临的巨大挑战。

"互联网 +"时代，大量的信息占据着网站的首页，很多信息被多次点击关注后成为焦点。高校学生是意气风发的一代，引起他们关心的热点问题在通过高速传播的互联网推动下，最终发展演变成群体性事件。面对社会热点问题的客观存在，高校思想教师队伍必须培养实时理念。

教师队伍应实时地对热点问题进行相关关注，注重事态的发展，积极处理并予以合理的解决，扩大正面消息影响范围，把负面影响缩小甚至消灭，保证学生不受负面影响。同时，教师要实时关注大学校园的动态，实时关注高校学生的学习与生活状态，及时解决出现的问题。

（二）确立四个意识

1. 阵地意识

《中共中央关于加强和改进思想政治工作的若干意见》中明确指出："在新的历史时期，思想领域的矛盾和斗争错综复杂，有时还表现得相当激烈，思想领域的阵地马克思主义不去占领，非马克思主义和反马克思主义的东西必然去占领。"[①]

由于互联网本身的开放性、虚拟性和跨文化性等特点，复杂的教育环境和教育对象是高校思想政治教师即将面对和重视的新问题。在这种情形下，教师要重视对阵地意识的强化，重点对待互联网时代环境给高校思想政治教育工作带来的相对挑战问题，同时对于互联网空间出现的一系列新情况、新问题进行深入的研

---

① 季海菊. 新媒体时代高校思想政治教育的解构与重塑 [M]. 南京：东南大学出版社，2014.

究，不断增强思想政治教育工作的战斗力。

2. 安全意识

互联网有着较为复杂的特点，其中包括开放性、共享性、超时空性、及时性、隐蔽性。由于它在信息共享方面不受时间的限制和空间的限制，也就导致了在传播信息的同时产生了一定程度的安全隐患，给那些"文化殖民主义"、文化糟粕、西方意识形态渗透和传播提供了相对便利的条件，对高校学生的成长造成了严重的影响。

目前，对于教师队伍来说，最为艰巨重要的责任就是正确地对高校学生进行引导，让高校学生增强防范意识，自觉甄别和抵制网上反动、不良的相关信息。

3. 学习意识

互联网时代对教师队伍提出了明确的要求，对于教师队伍来说，具有基本的思想政治理论知识是远远不够的，与此同时，还应该具备学习的能力、对信息进行合理筛选的能力以及运用信息技术等新科技手段有效开展工作的能力，积极参与互联网思想政治教育阵地的建设。

在此期间，教师队伍还应该密切关注互联网的动态，深入研究互联网发展的方向以及趋势，学会并熟练掌握使用高校学生经常用到的一些软件以及互联网交流平台，促使自己成为理论与实际相结合的新型教师队伍。在循序渐进、持之以恒的学习过程中不断地充实和提高自己，使自己的知识形成结构上的完整，同时具有一定的时代性，只有这样，面对互联网时代的挑战，教师才能顺利完成艰巨而复杂的思想政治工作任务。

4. 创新意识

互联网时代，作为教师队伍，应该具有更高的创新意识。从某种程度上来说，创新意识是教师队伍迎接挑战、处理问题的关键所在。在互联网时代，面对复杂多变的新情况、新问题，教师队伍必须做到解放思想，对原有的旧观念进行相应的更新，把握机遇，开拓前进，增强高校思想政治教师工作的吸引力。

这种创新意识体现在以下三个方面。

首先，互联网时代要求教师队伍应该具备与时代相适应的创新观念，树立正确的思想政治工作互联网化意识，紧跟时代前进的步伐；其次，要求教师队伍要针对互联网特点，不断创新工作思路，在网上体现出相应的时代特征；最后，要求教师队伍在方法创新上具有时代性，把互联网时代技术在思想政治教育工作中的作用如实地发挥出来，再通过互联网对高校学生进行素质教育，增强他们自身的抗干扰能力和免疫力。

三、培育教师互联网"意见领袖"地位

"意见领袖"的概念最早由美国传播学者拉扎斯菲尔德（Lazarsfeld）等人在《人民的选择》一书中提出，是指那些活跃在人际传播互联网中，经常为他人提供信息、观点或建议并对他们施加个人影响的人物。[①]培养教师队伍成为互联网"意见领袖"，是适应"互联网+"时代高校思想政治教育需要的工作。教师队伍具有丰富的思想政治教育工作经验、较高的政策理论水平、较强的政治敏锐性和政治鉴别力，能较好地把握正确的舆论导向。目前来看，能够合理地作为高校学生互联网"意见领袖"的重要人选，非教师队伍莫属，同时，教师还应该发掘更广阔的发展空间，成为大众的思想政治教育互联网"意见领袖"。

（一）专业型"意见领袖"

根据实际情况出发，高校要改变"大而全"的策略，重点对特定领域的民意主导者进行深入地打造，在保证其拥有丰富的思想政治素质的基础之上，提高他们在专业的、特定领域内的重视程度。并且，所谓的"意见领袖"擅长的领域要根据高校学生的需要合理地展开。

当前，社会热点问题、突发性社会事件、自己与他人遇到的不合理事件等都成了高校学生网民参与程度较高的一部分话题。这个时候，就需要思想政治教师扎实掌握某项关于专业领域的相关知识，理性地针对不同的话题用不同的引导策略，及时解决存在的问题。

（二）互联网平台型"意见领袖"

互联网平台的技术性能、核心功能比较特殊。互联网"意见领袖"的形成与特点不同必将导致网民的特点也会显现出不同，最终对其互联网"意见领袖"素质要求也有所不同。在进行相应的引导和培育互联网"意见领袖"时，高校要注重对相应互联网平台功能与特点的考量，同时也要注重对互联网技术的研究和开

---

① 郭庆光 . 传播学教程 [M]. 北京：人民大学出版社，2011.

发。互联网社群核心功能是对现实人际关系的构建与维护，即"熟人交往"。互联网社群的"意见领袖"大部分基于现实人际关系，与现实中的"意见领袖"重合，但大体来说并不完全一致。

（三）稳定型"意见领袖"

互联网"意见领袖"赢得高校学生拥护和信任需要长期不断的努力，绝不在一朝一夕。首先，要为高校学生的成长创造一个良好的互联网环境，就需要高校和思想政治教师时刻帮助他们度过可能会遇到的互联网"信任危机"；其次，对于他们的切身利益高校也要做到相应的关心，为他们提供一定的保障，消除他们的后顾之忧；最后，对他们进行有目的、有计划的再教育，帮助他们自身素质和互联网舆论引导水平不断地提高。

思想政治教师队伍应着重培育稳定型的互联网"意见领袖"，而对于目前来说，使培育的互联网"意见领袖"具有持久的生命力，需要做到坚持科学性与艺术性的统一。所谓的科学性，就是在对互联网"意见领袖"进行培育时，尊重互联网"意见领袖"形成、发挥作用的本身规律。互联网"意见领袖"是自发形成的，是网民自主选择的一种结果，因此不能用政策规定、法律强制获得互联网"意见领袖"地位。

互联网"意见领袖"的权力，归根结底是关于信息的权利，通过设置相关的互联网议程、框架抑制反对意见发表，在一定程度上引领互联网舆论。要想合理地对互联网"意见领袖"进行培育，就必须充分尊重顺应这些规律。

四、优化教师教学外部环境

从优化高校思想政治教育环境方面来说，当前需要合理改善三个环境。

（一）净化互联网环境

互联网出现带来的冲击在高校思想政治教育的过程中已经显而易见，因此我们必须深入研究互联网在思想政治教育环境中出现的新变化，营造一个健康、纯净的思想政治教育环境。

在互联网时代发展过程中，高校思想政治教育是一种具有一定目的性和计划性的实践活动，它十分关注互联网环境的教育价值，不但能发挥虚拟环境既有的教育功能，还能营造出适合开展思想政治教育工作的互联网环境，使得更多的学生能够欣然接受互联网时代环境下思想政治教育的形式和方法，将个体需求和群体发展需求有机融合为一体，形成一种群体和社会都能够认同的价值观念，最终完成思想政治教育真正的目标。

高校需要对学生的自主意识进行不断强化，避免学生受到互联网环境因素的不良影响，增强学生在互联网环境中的自控能力，提高学生辨别与适应各种环境的能力。

（二）美化文化环境

对文化环境进行不断优化可以对互联网环境建设起到一定的作用。要想使高校学生的思想得到提升，高校必须建立一个良好的文化环境，这个环境要具有一定的感染力和穿透力。

校园文化具有重要的育人功能。当前的高校随着信息化的普及和推广，开展了多种通过互联网举办的形式多样、积极向上的学术、科技、体育、艺术和娱乐活动，把德育与智育、体育、美育进行有机结合，寓教育于文化活动之中。举办一些有象征性的主题教育活动，开展具有学校办学特色、体现校园传统精神之类的文化活动能对美化环境起促进作用。

对于校园人文环境和自然环境的建设，高校应该予以重视；对于校园文化活动设施，也应做到合理的完善与改进，加强相关的哲学社会科学研讨会、报告会、讲座的管理，坚决抵制各种有害文化和腐朽生活方式对高校学生的思想产生负面影响。

（三）优化法治环境

法律对人们的行为举止有着重要的约束作用，同时也是互联网规范化发展的一个重要保障。我们应当在互联网时代中营造优质的思想政治教育环境，提高思想政治教育的规范性，使得思想政治教育的持续健康发展有最为坚实的保障性，并对我国的互联网法制建设进行相关的完善。

最近几年，国务院以及相关部门在互联网方面的立法力度不断加强，并颁布了许多相关的法律法规，不断加强互联网环境治理，构建具有一定合理性的互联网法制管理体系，打击互联网违法犯罪行为，为全国网民营造了一个良好的法治环境，充分保障互联网的安全化、规范化、秩序化运行。

各高校应该结合校园网站多年来的实际发展情况，制订相关的管理制度，实施具体可行的互联网信息管理制度，使校园互联网管理变得有章可循，有法可依。

五、提高思政课教师自身素质

思想政治教育工作者想要成为社会主流意识的传播者、塑造人类灵魂的工程师、社会思想政治和道德规范的示范者、网络舆论的引导者，就必须具备良好的政治素质、思想道德修养、文化素质、媒介应用素质和较强的组织能力，还必须具备良好的心理品质。网络时代思想政治教育工作者应具备的良好心理品质包括优秀的认知能力、敏锐的观察力、顽强的意志力、健全的人格和网络心理调适能力；媒介素质包括媒介认知能力、媒介的使用能力、媒介的批判能力、媒介的创造能力以及媒介的道德水准。

第二节 互联网时代思政课教师队伍建设要求

互联网时代使得教师队伍的角色从传统向现代进行了一定程度上的转变。提高教师队伍的综合素质，是互联网时代环境下思想政治教师发展的需要，也是高校思想政治教师队伍建设的要求。从总体上来看，它要求教师队伍应当具有以下几个方面的素质。

一、政治理论素质

在高校思想政治教育中，教师队伍自身拥有的一定的政治素质水平决定着他们是否始终坚持正确的政治方向，是否始终进行合理地运用马克思主义的立场、观点、方法来看待客观事物，是否用敏锐的观察力去洞察周围的事务所带有的情况复杂性。这时教师就需要树立正确的政治观点，对自己的政治地位有坚定的力度，只有这样，才有利于使自己的政治灵敏度得到提高，有利于分辨是非对错，进行理性的选择，自始至终与党中央保持一致的路线，做到忠诚于党，服务于党，始终坚持四项基本原则，坚决执行党的路线、方针和政策。[①]

具体来说，就是认真学习马列主义、毛泽东思想、邓小平理论和"三个代表"重要思想及树立科学发展观，在一定程度上对思想素质进行加强稳固，这样才能使教师队伍的眼光得到正确提升，用发展的眼光看待学生的教育工作，正确地引导他们积极向上的行为和思想，在一定程度上提高党性觉悟，明确党的政治思想。

因此，作为教师队伍来说，政治理论素质应该具备以下四个方面。

（一）具备马列主义基本理论

教师队伍的政治理论素质主要体现为：熟悉和掌握马列主义的基本原理，能合理并恰当地运用马列主义的立场、观点和方法分析和解放思想政治工作中遇到的问题；正确理解、宣传、贯彻党的路线方针和政策，采取正确的方针和科学的方法有效地开展思想政治教育工作。

（二）具备正确的政治方向

在目前较为复杂的国际形势下，教师队伍应该能够站在政治高度上，理性地去看待和分析问题，让头脑时刻地保持冷静，不去触犯一些政治取向上的根本性错误。教师队伍必须从确保中国特色社会主义事业欣欣向荣、后继有人的相关立场上，从培养社会主义合格的建设者和可靠的接班人的高度上，来观察、分析并处理所有的问题。

（三）具备优秀的政治品质

始终忠诚于党、忠于人民，忠于社会主义教育的伟大事业是教师队伍必须做到的；同时，做到实事求是，以身作则，坚持真理，教书育人也是对教师队伍的必然要求。

当然，作为教师，以上的那些还不足够，拥有开阔的视野、坦然的心胸、对名利的淡泊态度，始终坚持原则，做到谦虚谨慎，勇于承担相应的责任，善于凝聚人心、形成合力，这也是当下的教师队伍应该具备的特点。

（四）具备政治和政策水平

所谓的政治水平，就是指面对各种的突发政治性问题，能够明辨是非，并落

---

① 唐家良.高校辅导员队伍专业化建设与成长 [M]. 北京：现代教育出版社，2008.

实到实际处理问题。政策水平则指在一定的程度上所体现出的相关能力，包括对党的纲领、任务、行动准则的正确认识、理解和执行。政治和政策水平，是经过长期的实践与磨炼而得出的一种产物，主要依靠教师队伍把马克思主义理论的水平与政治经验、政治觉悟彼此相互结合，再合理地进行运用。

二、思想道德素质

所谓的思想素质，是指运用科学的理论观点在一定程度上合理分析问题、解决问题的能力和水平。世界观、人生观、价值观等因素组成了思想素质。

（一）思想素质的核心

首先，思想素质的核心就是世界观。这就要求教师队伍需要掌握辩证唯物主义和历史唯物主义的科学世界观和方法论，从客观规律上正确认识事物发展的过程，拥有正确的工作态度和思想态度，尽量减少犯一些低级错误。

其次，思想素质的核心就是人生观和价值观。人生观，其实就是人们自身的根本看法和最基础的态度，尤其是对人生意义、人生目的、人生价值的看法；而价值观，简明地说来就是人们在处理自身与外界关系时所体现出的根本态度。教师队伍必须树立崇高的理想，本着全心全意为人民服务的目的保持并体现出一种由内而外的乐观积极的人生态度。

当今的"互联网＋"时代要求教师队伍应该拥有科学的世界观，只有拥有科学的世界观，才能使自己的思想觉悟和认识能力有一定程度的提高，同时也有充分的能力对高校学生在互联网中的行为进行积极向上的思想引导。而拥有高尚的人生观，教师队伍才能在进行互联网教育活动的过程中，坚持一切从人民的根本利益出发，树立正确的社会主义观价值，与不良主义划分界限。

（二）道德素质的内容

道德素质综合地反映出了人们的道德认识和道德行为水平，它从一定程度上体现出了一个人的道德修养和道德情操，凸显出一个人的道德水平和道德风貌。教师队伍的身上有着一种无声的教师力量，那便是道德修养，它对教师对象的思想和行为能起到相当重要的影响力。

一般来说，优秀的道德素质应当由以下几方面组成。

1. 无私奉献的道德境界

无私奉献的最高道德境界就是要求教师队伍对社会有着高度的责任感的同时，还必须坚决履行自己对祖国、对人民、对他人应尽的责任和义务，自觉地做到教书育人、无私奉献。

2. 坚定不移的道德信念

道德信念的培养是形成道德品质的过程中起关键作用的一个环节。因此，对于教师队伍来说，必须树立正直、公平的道德信念，在树立道德信念的同时，付诸实际行动，从而更好地用实践证明这些道德信念的正确性。

3. 坚毅果敢的道德自控能力

坚毅果敢的自控力要求教师队伍时刻坚持理性自律，严格恪守道德要求，时常主动冷静地反思自己在工作中出现的错误和自身存在的一些不足，及时发现并进行改正，勇于承担错误，不断升华和提高自己的道德境界。

"互联网+"时代，教师队伍只有具有了良好的道德素质，才能更加准确地把握互联网思想政治教育工作中道德关系的本质，才能对互联网思想政治教育工作中的现象、关系和行为进行合理的道德分析和判断，才能积极地推动教师队伍的道德意识的增强。

三、文化知识素质

文化知识素质是指人们在文化方面所具有的较为稳定的、内在的基本品质，表现为人们在这些知识及与之相适应的能力行为、情感等综合发展的质量方面，所展现出的相关的水平和个性特点。

高校集合了来自不同地区的"高知"群体。具体而言，就是说不管是高校学生或者是教师队伍，他们的文化水平都要比其他的群体高出许多。因此没有较高的科学知识水平和文化素养是无法从事教师工作的。教师队伍要有足够高水平的文化素养，才能在高校学生面前树立威信，并且得到高校学生的信服和接受。

"互联网+"时代，教师队伍所需要的文化知识素质包括以下方面。

（一）基础理论知识

基础理论知识在思想政治教育中是指马克思主义基本论。马克思主义基本理论，是互联网思想政治教师有力的理论基础、行动指南和思想武器。

合理、正确地掌握马克思主义基本理论，对教师队伍有很大程度的帮助，教师队伍可以树立科学的世界观、人生观和价值观，站在马克思主义的立场，用其观点和相关的方法分析并研究在思想政治领域出现的各种问题，运用科学的理论知识进行解疑，纠正错误，做到思想统一。[①] 同时，只有合理掌握马克思主义基本理论知识，才能对教育对象传达正确的马克思主义基本原理和方法，帮助教育对象形成正确的世界观、人生观以及价值观，使他们处理问题的能力也有所进步和提高。

（二）专业知识

专业知识主要指思想政治教育基本原理与互联网思想政治教育方面的基础知识和专业知识。扎实地掌握这些基础和专业知识，教师才能更好地结合互联网的特点，对于高校学生的情感认知、个性等心理特征进行深入的分析。

教师对高校学生所处的互联网社会关系和互联网环境要有一定的了解，适当地分析他们的思想行为、活动规律以及思想政治教育的规律，在互联网思想政治教育方面上增强相关的预见性及针对性，把主动权掌握起来，同时也必须建立在科学的基础上进行这些相关活动。

（三）辅助知识

辅助知识主要是指与高校思想政治教师工作有直接或间接关系的知识，比如与思想政治工作关系密切的心理学、教师学、伦理学、社会学等知识。

学习和掌握这些相关学科的辅助知识，可以使教师队伍扩大知识领域，使自己的科学文化知识素质在一定程度上得到提高，在实践中切实增强思想政治教育工作的实效性。

四、媒介素质

思想政治教育工作者的网络媒介素养包括媒介认知能力、媒介使用能力、媒介批判能力和媒介创造能力。

[①] 李海菊．新媒体时代高校思想政治教育的解构与重塑 [M]．南京：东南大学出版社，2014．

（一）增强教师队伍媒介素养

1. 网络媒介认知能力

网络媒介认知能力是指在人们头脑中形成的对于网络媒介这一事物进行信息加工和信息处理的能力，具体涉及对网络媒介的本质、构成及其发展的动力和基本规律等认识，并在此认识的基础上进行有关"网络媒介"的信息加工和信息处理的素质结构。即思想政治教育工作者应对以电脑为代表的固定终端网络媒介、以手机为代表的移动终端网络媒介和其他混合式网络媒介的本质、构成及其发展的动力和基本规律等有清晰的认识，并具有对这些"网络媒介"的信息进行加工和处理的能力。

2. 网络媒介使用能力

网络媒介使用能力是指人们能够科学有效地运用网络媒介和使用网络媒介为社会发展和自身发展服务的素质结构。媒介使用能力包括单向接收信息的能力，即从个体已有的媒介素养出发，单方面地对"媒介信息"进行解读、筛选和接收，由此形成的媒介使用能力，如对书籍、报刊、电影电视等传统媒介的使用就属于单向的媒介使用能力；还包括媒介互动使用能力，一般是指以互联网为代表的新兴立体媒介，也就是网络媒介使用能力。网络时代思想政治教育工作者不但要具备单向的媒介使用能力，而且要具备媒介互动使用能力。

3. 网络媒介批判能力

网络媒介批判能力是指将现有的媒介知识以及与"媒介"相关的"经验"结合起来，对网络媒介的运作、使用、更新和创造等过程和机制进行分析、反思和批判的素质结构。它包括网络媒介分析能力、网络媒介反思能力、网络媒介伦理意识和网络媒介道德实践能力。思想政治教育工作者在使用网络媒体时，既是网络信息的采集者，又是网络信息的监督者、被监督者及网络信息的管理者，因此，必须提升自身的媒介批判能力。

4. 网络媒介创造能力

网络媒介创造能力是指对网络媒介内容进行技术处理和改变，以及对网络媒介这一物质本身进行革新和创造的能力。未来媒介融合的趋势显著，信息对象的采集面覆盖越来越广，其中文本、图像、音频、视频、动画等都会增添很多新型的制作方式。思想政治教育工作者不一定能将各种技术手段全部应用自如，因此，网络思想政治教育工作流程的创新既包括思想政治教育工作者个体的创新，更应注重群体的创新。比如，由掌握不同技能的思想政治教育工作者一起策划、甄选、整合编辑，许多思想政治教育网站编辑协同工作，各司其职，发挥各自技术优势，以提高网络思想政治教育的吸引力、感染力、战斗力。

5. 网络媒介道德水准

媒介道德是指在媒介活动中的信息接收者、使用者、加工者和传递者所需遵守的各种行为规范的总和，即整个媒介活动中的道德。新媒体时代引发了一系列媒介道德伦理问题。在这种情况下，思想政治教育工作者只有自身具备崇高的社会道德，才能帮助大学生树立媒介道德意识，学会正确使用新媒体，从而避免新媒体给大学生带来的负面影响。高校思想政治教育工作者的媒介道德素养主要包括以下几个方面。

（1）媒介伦理道德意识

在新媒介中，人们把媒介伦理道德称为"第一道防火墙"。高校思想政治教育工作者自身应在思想和心理上建立抵御互联网不良信息的防线，树立正确的新媒体伦理道德观念，恰当地控制自己的媒体行为，自觉抵制不良信息的侵袭，成为一名合格的媒介使用者。

（2）媒介法制观

高校思想政治教育工作者只有具有媒介法制的观念，全面增强媒介法律法规意识，才能在法律规定的范围内正确使用媒介及利用媒介信息开展思想政治教育工作；在此基础上，才能针对学生开展有说服力的媒介素养教育，全面提升思想政治工作的实效性。

（3）社会责任感

高校思想政治教育工作者除了要负担大学生的思想政治教育职能，还要承担起媒介与舆论导向的责任。因此，其媒体道德水平、社会责任感就显得尤为重要。只有具有较高的社会道德水平，并在实际工作中坚持知行合一，自觉强化媒体观念，教师才能真正树立为学生、社会服务的意识，进而做好新时期的大学生思想政治工作。

（二）媒介素养的培养途径

新媒体时代，高校思政教育工作者工作性质与培养定位的特殊性决定了对其进行媒介素养教育的关键是，探索出一套能促进理论应用与实践经验提升相转化的有效教育路径，主要从以下几个方面来进行培养。

（1）大力提升思想政治教育工作者自身的媒介素养意识，打造现代化、专业化的精英队伍。思政教育工作者只有从观念上认识到媒介素养教育对自身发展和工作实效的重要性，才能营造良好的学习和实践氛围，获得自我提升的动力，成为主动、成熟、理性的媒介使用者。因此，高校思想政治教育工作者应将自身武装成具有深厚理论水平、熟练掌握先进技能的现代教师。

（2）充分挖掘教育资源、打造实践平台，实现理论指导和实践锻炼的双效辅导。专业化的媒介素养教育以理论教育为基础，实践训练为保障。一是开设有针对性、规范性的媒介素养教育课程进行系统授课。二是打造实践平台进行技能锻炼。在实际训练中，指导思政教育工作者学会通过网络平台抢占思想政治教育的新阵地。

（3）成立由思想政治教育工作者组成的差异化"互学共习"研究小组，共同提升媒介素养。根据受教育者的不同特点，成立不同类别的研究小组，并灵活选择与之相适应的教育模式，从而有效地保证媒介素养教育工作全面、系统、高效的开展。研究小组成员自发组织专题研讨、技能与实践经验分享等活动，在交流过程中共享教育资源，共同提高媒介素养。

五、业务能力素质

业务能力素质是指教师队伍通过相关的方式方法把多种技能和艺术灵活地运用于实际工作之中的能力。高校思想政治教育的新渠道和新空间是"互联网＋"时代，要想真正把思想政治教育渗透到相关的互联网活动中去，提升思想政治教育对高校学生的影响力和吸引力，彻底落实高校思想政治的有关教育，做到富有成效，关键在于教师队伍必须有较强的业务能力素质。概括起来，包括以下五个方面。

（一）互联网语言表达能力

表达，是人们必备的一种本领，是人们彼此进行互动、交流思想感情的一种形式。在"互联网＋"时代，教师队伍在互联网上进行宣传引导工作就需要合理运用互联网技术的传递方式，用多样化的形式把自己的思想方式表达出来，为思想政治的教育增加一定的感染力。

（二）观察能力

互联网时代自身具有隐蔽性和间接性的特点，这就使得互联网教师队伍与受教育对象之间有一定的空间感，不能进行面对面的交流，所以就要求教师队伍应该具有较强的观察能力，坚持全面、细致的原则，善于通过表象抓住事物的本质进行分析和综合判断，掌握受教育对象的特点。

（三）调查研究能力

互联网时代，高校思想政治教育充满了一定的多变性与复杂性，教师队伍应该合理运用马克思主义的观点和方法，借助互联网超时空、方便、快捷的特点，通过互联网平台抓住互联网思想政治教育的新情况、新问题、新特点。

（四）组织协调能力

互联网时代高校思想政治教育的特殊性就是对教师队伍的组织协调能力有更大的要求。由于这个时代，高校学生的思想层次各异、文化知识水平也参差不齐，要做好高校学生的思想政治教育工作，教师队伍需要发动所有相关的队伍一起去做；需要组织各单位的党组织和职能部门创办各种思想政治教育网站，对思想政治教育的有关内容进行合理、恰当的宣传；需要动员广大教职员工和学生工作骨干通过在线活动，引导网上舆论，做好一切工作；需要规范协调好各网站、网页的管理，做到各负其责。

（五）调控能力

如今的互联网社会发展迅速，新思想、新信息不断地更迭，同时也需要教师队伍根据不同时期的互联网变化以及发展过程的动态，对自己的知识进行适当的调整，跟上新形势发展的要求，增强相应的工作能力。

六、心理素质

（一）良好的认知能力

良好的认知能力是思想政治教育者从事思想政治教育工作必须具备的心理活动认知过程中的心理品质，包括敏锐的观察力、良好的记忆力、较强的分析研究能力、丰富的想象力和一定的创造力。其中，以敏锐的观察力、较强的分析研究能力和一定的创造力更为重要。

1.敏锐的观察力

思想政治教育工作者必须具备敏锐的观察能力，是由思想政治教育工作性质决定的。思想政治教育工作是做人的思想工作，而人的思想并不是看得见摸得着的，只能通过多种现象表现出来。思想政治教育工作者只能是通过观察自己工作对象的言论、行为、表情等现象，来掌握他们的思想状况及变化，从而加强思想教育工作的针对性、预见性、主动性，提高思想教育的效果。思想政治教育工作者敏锐的观察能力，主要表现在三个方面，即善闻其言、善观其行、善察其情。因为任何一个人的思想都会通过自己的言论、行为、表情表现出来，而善闻其言、善观其行、善察其情，就是善于从自己工作对象的言谈话语中，行为的积极消极、主动被动中，以及喜、怒、哀、乐的情绪表现中，发现他们的思想倾向和对某一事物的态度，以了解他们心理活动的特点。敏锐地观察力还包括对教育对象的直接观察和间接观察能力，这是了解教育对象学习、工作、生活、思想、个性等各方面情况的重要手段。

2.较强的分析研究能力

思想政治教育工作者要有对客观事物去粗取精、去伪存真、由此及彼、由表及里的功夫，具备客观、全面、深刻地认识事物的能力。具备这种能力，教师在观察客观事物时就能既看到它的正面，也看到它的反面；既看到它的现象，也能透过现象看到它的本质；既能认识它的现状，也能比较准确地预见它的未来。较强的分析研究能力包括科学分析能力、调查研究能力和理论研究能力。科学分析能力主要指能自觉运用马克思主义的立场、观点、方法，严格区分两类不同性质的矛盾，对问题进行定量、定性和系统分析。调查研究能力主要是指对教育对象的现状调查研究，如对现实社会观点的调查表现出来的研究能力。理论研究能力主要是指能够独立进行思想政治教育学科的研究，理论联系实际，推动学科的发展。没有很强的分析研究能力，既不可能掌握思想政治教育规律以把握教育的主动权，也不可能使思想政治教育工作得到进一步提高。

3. 一定的创造力

教育者要在敏锐的观察、较强的分析研究基础上发挥想象力进行创造性活动，了解教育对象的学习新能力。一定的创造力是对思想政治教育工作者较高层次的要求。现今社会正处在社会主义现代化建设的新时期，需要大批开拓型人才，开创社会主义建设的新局面。在新的形势下如何进一步加强社会主义精神文明建设，如何加强和改进思想政治教育，如何使思想政治教育工作收到更好的实效，所有这些，都需要从事思想政治教育的工作者实践、探索、创新。

（二）良好的情绪情感

良好的情绪情感包括良好的情绪状态和情绪素养、高尚的情感情操。

1. 良好的情绪状态

良好的情绪状态主要表现在有稳定、愉快的心境，与理智和意志相联系的激情和适度的应激。稳定、愉快的心境能使人振奋快乐、朝气蓬勃，具有这种心境的人即使遇到巨大困难也会努力去克服；失去这种心境，人们则会颓废悲观，工作也会感到枯燥乏味，不利于学习和工作。与理智和意志相联系的激情能激励人们克服艰险、攻克难关、攀登高峰，成为正确行动的巨大动力；消极的激情则对有机体活动具有抑制的作用，这时人的自制力将显著降低。应激有积极作用，也有消极作用。一般应激使有机体具有特殊防御、排险机能，能够使精力旺盛，使人的思维特别清晰、精确，动作机敏、准确，使人化险为夷、转危为安，及时摆脱困境。但强烈而长期的应激会产生全身兴奋，使人的注意力、知觉范围缩小，言语不规则、不连贯，行为动作紊乱等。因此，适度的应激才是良好的情绪状态。

思想政治教育工作者良好的情绪主要表现为具有真实的自信、热情乐观并保持适度焦虑。自信是良好情绪状态的内在关键要素，热情乐观是良好情绪状态最直观的外在表现，而保持适度的焦虑可以提高人的活动效率，较好地完成各种紧张复杂的工作，这对思想政治教育工作者也是很重要的。

2. 高尚的情感情操

在思想政治教育中，情感具有"催化剂"的作用，它使受教育者的认识情感化，并促进行为的选择和产生。因此，思想政治教育工作者必须培养高尚的情感情操，并将它投入到思想政治教育中去。情感投入是思想政治教育开展的基础，也是思想政治教育取得实效的核心因素之一。首先，教育者应对教育对象充满爱心。调动教育对象接受教育的积极性，一方面取决于教育者的责任感和教育能力，另一方面取决于教育者对教育对象的情感投入程度。因此，教育者必须倾注自己的感情，使教育对象强烈地感受到教育者的真挚和坦诚，真正体会到教育者的关心和爱护。这样他们就会产生肯定的情感反应，并乐于接受教育者的教育。其次，教育者应培养自己高尚的道德感、理智感和美感，以高尚的情感情操感染教育对象。思想政治教育的目的是培养具有良好的道德品质和理论素养的德才兼备的社会主义建设者和接班人。而品质的形成必须有道德情感的参与，才能形成道德认识，并转化为道德行动。道德感是个体根据一定的社会道德行为标准，在评价自己或他人的行为举止、思想言论和意图时产生的情感体验。理智感是人对认识活动成就进行评价时产生的情感体验，对人们学习知识、认识事物发展规律和探求真理的活动有积极的推动作用。美感是对事物美的体验。美感使人精神振奋、积极乐观、心情愉快，丰富人的心理生活，增加生活的情趣。思想政治教育工作者只有自己具备了这些高尚情感，并投入到思想政治教育中，才能影响和感染教育对象，提高教育效果。

（三）顽强的意志力

顽强的意志力包括意志的自觉性、果断性、自制性和坚韧性等内容。这些意志品质是一个人能力形成发展不可缺少的心理因素，也是思想政治教育工作者提高能力的重要心理因素。其中，一定的自制能力和顽强的工作意志对思想政治教育工作者尤为重要。

1.一定的自制能力

自制能力也叫自制性。自制性反映意志的抑制职能，是指人在意志行动中善于控制自己的情绪，约束自己言行的品质。它主要表现在两个方面。一方面，善于督促自己采取行动执行已经作出的、具有充分根据的决定，并能克服不利因素坚定不移地做已经决定的工作；另一方面，能够驾驭自我，善于克服盲目冲动行为和克制自己的困惑、恐惧、慌张、厌倦、懒惰等消极情绪，控制自己的行动。后一种表现通常被称为忍耐、克制，但不是怯懦。思想教育工作者尤其要有一定的自制能力。思想教育工作者是"人类灵魂的工程师"，担负着教育人、改造人、培养人的光荣使命。

教育工作者在教育人、改造人、培养人的过程中，教育者不仅要有摆事实、讲道理和风细雨式的循循善诱，而且要对错误的言论、行为、思想进行批评教育或采取包括执行纪律在内的必要的组织措施。由于人们觉悟程度的差别，对待批评教育或组织措施会有不同的态度；因此教育工作就可能出现严重的阻力或障碍，甚至遭到强力的反对或抵制。这时如果教师自制能力弱，对正确的做法不敢坚持，就达不到预期目的；若意气用事，不能冷静处理，则反而会使矛盾扩大。两种行为都是难以做好思想教育工作的。因此，思想政治教育工作者必须具备较强的自制能力。

2. 顽强的工作意志

思想政治教育工作的艰巨性要求思想政治教育工作者具备顽强的工作意志。顽强的工作意志是指为了完成工作任务所表现出来的坚韧不拔、百折不挠、锐意进取、不达目的不罢休的心理素质。古今中外，在事业上有建树的人，都具有这种心理素质。具有顽强的工作意志的人，既能经得起成功的考验，也能经得住挫折和磨炼。

顽强的工作意志来自对所从事的事业的忠诚，来自科学的世界观和全心全意为人民服务的人生价值取向，表现出意志的自觉性、果断性、坚韧性。具有意志自觉性的人能够自觉地、独立地、主动地控制和调节自己的行动，为实现预定的目标倾注全部热情和力量，即使在遇到障碍和危险时，也能百折不挠地排除万难，勇往直前。这种品质反映出一个人的坚定立场和信仰，贯穿于意志行动的始终，是坚强意志产生的源泉。意志的果断性是指人明辨是非，适时地采取决断和执行决断的品质。适时指在需要立即行动时当机立断、毫不犹豫，甚至在危及生命时也敢作敢为、大义凛然，但在不需要立即行动或情况发生改变时，又能立即停止执行，或改变已做出的决定。果断性是以勇敢和深思熟虑为前提条件的，是个人的聪敏、学识、机智的结合。意志的坚韧性是指人在意志行动中坚持决定，以充沛的精力和坚韧的毅力，百折不挠地克服一切困难，实现预定目的的品质。长期坚持决定是意志顽强的突出表现，具有坚韧性的人善于抵制不符合行动目的的主客观诱因的干扰，不仅能顺利完成容易而又感兴趣的工作，而且不计较个人得失，即使是枯燥无味的工作，也不半途而废，努力作出优异成绩。意志的自觉性、果断性、坚韧性和自制性是思想政治教育工作者应努力培养的优良意志品质。

（四）健全的人格

健全的人格是思想政治教育工作者在个性心理方面必须具备的心理品质。国内外的研究表明，健全人格是各种人格特征的完美结合，综合起来有以下特点，一是内部心理和谐发展；二是能够正确处理人际关系，发展友谊；三是能把自己的智慧和能力有效地运用到能获得成功的工作和事业上。

科学的世界观、人生观、价值观是人格形成的核心因素。与社会需要相适应的、良好的气质与性格是健全人格的外部表现，也是思想政治教育工作者必备的。

1. 科学的世界观、人生观、价值观

世界观、人生观、价值观是思想的核心层次，也是人格形成的核心因素。人生观就是人们对人生目的、人生价值的根本看法和所持的人生态度。人生目的主要回答和解决"人为什么活着"的问题，人生价值主要回答和解决"人怎样生活才有价值"的问题。价值观则是人们对各种事物和现象的价值进行认识和评价时所持的基本观点。在现实生活中，无论是社会的经济、政治、道德、文化领域，还是个人生活的方方面面，都普遍地存在着价值问题。在价值观中，价值评价是核心问题。价值评价就是人们对客观事物和现象所持有的比较性、选择性地评价，即对客观事物有无价值、价值大小作出判断。人们进行价值评价时，所持的标准和尺度就是价值标准。所持的标准不同，便形成不同的价值目标。价值目标就是一个人活动行为的最终目的，它贯穿于人的一切活动和行动之中，并成为一定行为、活动的动因。人生观、价值观都是在人的世界观的指导下形成的。世界观是人们对整个世界最根本的看法和观点的总和，它包含了人的自然观、社会观、历史观、人生观。人生观是世界观在人生问题上的运用，世界观决定人生观。价值观是以世界观、人生观为基础的，有什么样的世界观、人生观，就会有什么样的价值观。人生观、价值观与人们的心理发展紧密相连，它是人们心理发展的舵手，规定着人们心理发展的方向，并为心理发展提供根本的原动力。思想政治教育工作者只有树立了科学的世界观、人生观、价值观，才能完善自己的人格。

2. 良好的个性特征

个性特征是指一个人经常表现出来的本质的、稳定的心理特点。个性特征表现在兴趣、能力、气质和性格等方面。思想政治教育工作者应该具有以下良好的个性特征。一是兴趣要广泛。兴趣人皆有之，不同的是有高尚健康和低级庸俗之分，还有广泛与不广泛之别。人们讲的兴趣，理所当然是讲高尚的、健康的兴趣。因为思想政治教育工作者面对文化档次高、求知欲望强、充满朝气而兴趣多样的广大青年和各层次人群，如果兴趣单一，或者这也不感兴趣那也不感兴趣，又如何与他们打交道，如何成为他们的朋友，进而对他们进行有效的教育呢？二是能力要强。身心健康的人其能力是多方面的。作为思想政治教育工作者，应该具有锐敏的观察力、稳定的注意力、持久的记忆力、深刻的思维力、较强的组织协调力和良好的语言文字表达力。三是气质要高雅。气质是人心理活动和行为的动力特点。它使一个人的心理活动和行为具有个人独特的色彩。人的气质有相对的稳定性，但是随着人们的经历、环境的变化通过塑造可以使之发生变化。思想政治教育工作者应努力使自己具有待人热情、处事稳重、积极进取、机智敏锐、举止文明的高雅气质。四是要有良好的性格。性格是个性心理特征的重要方面。性格是指人对现实相对稳定的态度和习惯的行为方式。思想政治教育工作者应努力使自己具有为人正直、诚实刚强、勤奋向上、认真处事、乐观开朗、乐于助人的良好性格特征。

（五）网络心理调适能力

思想政治教育工作者的网络心理调适能力包括对自己网络心理的驾驭能力和对受教育者网络心理的调适能力。

1. 对自己网络心理的驾驭能力

网络拥有海量的信息和无穷的吸引力，现代思想政治教育工作者必须具备良好的认知能力和情绪素养，并具有坚强的意志，以驾驭自己的网络心理，正确运用网络这一现代社会思想政治教育的载体，不断地丰富自己的知识，优化知识结构，有效地开展思想政治教育。

2. 对受教育者网络心理的调适能力

受教育者的不良网络心理会给思想政治教育带来的消极影响。现代思想政治教育工作者必须从受教育者的实际出发，了解他们的网络心理需求，加强思想政治教育的导向性；注重他们网络心理需求的差异，加强思想政治教育的针对性；根据网络心理需求满足的自主性，增强思想政治教育的吸引力。网络认知心理过程的动力是网络需求，情绪情感是网络认知过程的调节因素，而网络认知效果的提高则与人的意志和思维模式有着密切的联系。现代思想政治教育要针对网络认知的心理特点，提高网络受众的思想理论学习需求与道德需要，强化网络认知的动力；解决信息超载问题，集中网络认知的目标；加深网络认知信息深度，优化网络认知的思维；弥补网络认知情景信息不足，加强网络认知的情感投入；同时对受教育者因过度上网和不当上网引起的心理障碍或心理疾病，如网络成瘾症等，也要具备识别和调适的能力。

第三节　互联网时代思政课教师队伍建设途径

高校互联网思想政治教师队伍建设最为重要的一点就是要根据互联网时代的新挑战、新要求，积极探索队伍建设过程中的新方法，打造一支政治觉悟高、理论水平高、工作效果佳的高水平互联网思想政治教师队伍。

一、建立严格准入制度

长期以来，思想政治教育队伍在维护高校的稳定和促进教师事业的发展方面起到了重要的作用。但面对新形势和新任务，各地、各高校要像选拔、培养学术骨干队伍一样，采取有力的政策措施，花大力气建设一支高素质的思想政治教育工作队伍，使互联网思想政治教师队伍在年龄、知识结构上更趋合理，符合思想政治教育工作的规律要求。

随着在校上网学生数量的不断增长，互联网思想政治教育教师的数量也应该有所增加。高校要保证互联网教师队伍的质量，提高互联网教师队伍的工作能力、技术水平，专门成立互联网思想政治教育管理的领导小组，采取优秀教师队伍或学生工作干部报名，管理部门统一组织考核、考察，层层筛选、优中选优的方法；[①] 同时，注意学科交叉和队伍结构的合理性，重视教师队伍的个性和特长。

---

① 夏晓红 . 高校网络思想政治教育 [M]. 济南：泰山出版社，2008.

二、建立系统培训机制

（一）转变"教化权威"的观念

在传统的思想政治教育过程中，教师队伍总是处于一种信息优势和经验优势的地位，"教化权威"的观念根深蒂固。

然而，科技的发展总是更多地给新观念以技术上的支持。互联网的互动性、平等性、开放性不仅改变了人们获取信息的方式，也改变了传递和发布信息的方式。互联网时代对教师队伍有了一定的要求，要求他们树立以"学生为本"的观念，把"教化权威"的身份逐渐向"引导者"过渡，实现从"思想灌输"到"信息分析"和"信息引导"的转变。

（二）提高互联网技术应用水平

互联网环境以计算机和互联网的发展为基础，具有很高的科技含量。互联网思想政治教育工作以互联网工具为载体，带有很强的技术性，需要技术层面的支撑。教师只有了解相关的现代互联网知识和技能，才能利用互联网进行各种活动，以生动、形象的互联网语言进行相关的知识传播。

首先教师队伍需要及时对自身的知识及能力进行"充电"，充分利用现代信息资源进行互联网思想政治教育。大多数高校都需要对教师队伍进行有关互联网技能的系统知识培训，使他们能在各种信息交叉渗透的社会中，掌握利用互联网进行信息搜集、处理和传递等方面的基本技能。

（三）提高教师队伍的综合素质

根据互联网对高校学生思想、道德和价值观的冲击和影响的相关调查，高校思想政治教师队伍面临的问题主要表现在互联网道德问题、思想价值观的动摇等方面，如果高校思想政治教师队伍缺乏相关的互联网知识，将很难妥善解决高校学生产生的思想问题，也很难发挥高校思想政治教师队伍在新时期条件下的应有作用和效果。

首先，教师的互联网意识必须明确，时刻关注互联网，拓展高校思想政治教育工作空间。其次，要有丰富的互联网知识。这是高校思想政治教师队伍提高自身素质的根本所在。此外，教师还要掌握基本的互联网软件运用技术，只有掌握这些技术和知识，才能在网民群体中获得基本的发言权。

互联网的发展和普及对思想政治教师队伍的综合素质要求也颇高，教育手段的现代化要求高校尽快培养一支具有较高综合素质的现代化教师队伍。

1. 政治培训内容和方法

要想占领这块互联网思想政治教师阵地，需要做许多工作，但最根本的、最重要的是我们要有一支政治素养、理论修养较高的思想政治教师队伍。对这支队伍进行政治培训，是根本大计。政治素养和理论修养的提高，不是一日之功，因此，对互联网思想政治教师队伍的政治培训也不能期望毕其功于一役。这是一项需要长期不懈地坚持才能完成的任务。

在培训形式上，可以采取长、短期相结合，分散与集中相结合的方式。所谓长期和分散，就是各单位将互联网思想政治教师队伍的政治培训纳入日常工作之中，抓住各种机会，运用各种条件，不断有意识、有目的地提高这支队伍的政治素养和理论修养。而最重要的渠道，就是让这支队伍在互联网思想政治教育工作的具体实践中提高。能力只有实践的锻炼中才能形成。

2. 业务培训的内容和方法

就一般情况而论，业务培训的内容应该包括以下四个方面：一是要注重掌握互联网思想政治教育工作原则和规范的培训；二是要大力提高外语水平，与传统的思想政治教育工作相比，这是特殊的，但又是必须达到的培训目标；三是要强化对计算机知识与使用互联网技能技术的培训；四是进行掌握现代思想政治教育工作手段的培训。[①]

至于业务培训的方式，应根据培训内容灵活选择，切不可生搬硬套，制造表面效果。同时要充分利用高校自身的有利条件，以求取得事半功倍之效。

三、建立管理体制

高校在对学生进行相关的互联网思想政治教育过程中，要根据实际情况，因地制宜，建立相关的互联网管理系统；在组建和完善管理系统的同时，要建立强有力的、能够直接进行互联网思想政治教育工作的教师队伍。

---

① 夏晓红 . 高校网络思想政治教育 [M]. 济南：泰山出版社，2008.

（一）网上宣传教师队伍

这支队伍人数不宜过多，属于宣传教育任务的主干力量。其工作任务包括直接主持和参与思想政治、宣传教育工作，同时也承担对学校和院（系）的互联网思想政治教师队伍的相关培训任务。

（二）广覆盖教师队伍

组成这支队伍的人员可以是青年教师或学生骨干。他们能够参与交互性较强的网上栏目，与其他上网的教师以平等的身份进行交流，增强正面的呼声，对网上舆论氛围进行相关的引导，使正面信息始终处于主导地位。

（三）"民间"队伍

高校进行选聘的时候要严格把关，选拔政治素质高、责任感强的教师和学生担任，保证网上信息的导向和质量。

（四）思政教育针对性队伍

高校要组建以学生骨干为主的网上宣传队和网上引导队。他们的主要任务就是针对校内重要事情进行相关的追踪和报道并解疑解惑；纠正错误言论，关注学校的改革和发展；同时针对网上热点问题组织师生展开研讨会。

（五）重新整合队伍

重新整合队伍属于一个重要的环节，就是针对原有的队伍适当地进行改造、充实。整合的目的有两个：一是能够更好地发挥各思想政治教育工作媒体的作用；二是通过整合，完成传统方式向思想政治教育方式现代化的整体转变。只有完成了这个转变，各种媒体才能更充分地发挥作用。

（六）教师队伍的工作原则

互联网思想政治教师队伍整合工作的原则具体有以下几点。

1.调查研究与正确引导相结合的原则

根据互联网时代对高校思想政治教育工作的要求，互联网思想政治教师队伍应时刻把握互联网时代的政治导向，传播我国优秀的文化，并根据青年学生的群体和个体特征，确立不同的思想教育目标，帮助他们对各种信息进行比较和辨别，提高他们的正确识别、选择和综合利用信息的能力。

2. 顺应规律和文化熏陶相结合的原则

互联网融汇了各种思想、信仰和信息，各种文化之间的相互交流与碰撞是其总体表现。而教师队伍也该顺应互联网文化的相关规律，运用符合国情的文化对学生进行相应的引导、熏陶。

在互联网时代，针对高校学生进行相关思想政治教育工作，首先就需要把思想政治教育与增强高校学生的全球化和开放性意识结合起来，积极引导他们，使他们逐步树立与经济全球化相适应的国际化意识和开放性视野，同时，对其进行爱国主义教育，使其自觉抵制西方腐朽文化的渗透和传播。

3. 主动宣传与互动交流相结合的原则

在互联网时代的思想政治领域中，由于不同意识形态之间的斗争从未停止过，所以，我们必须争取这一领域的主动权，进行主动灌输，利用这种形式，强有力地发出我们党和政府的声音。

4. 有效融合与保持优势相结合的原则

在这个发展迅速的信息化时代，作为技术科学与人文科学有效结合的载体来说，互联网正在并将继续对青年学生的思维方式进行改变，这就需要教师队伍用全新的思维方式去适应它，进行政治教育工作时，把相关的技术与人文、互联网与思想政治教育工作做到有效地融合。

5. 线上线下有机结合的原则

互联网思想政治教师队伍工作的开展不能过度依赖互联网而脱离学生群体，师生感情一旦疏远，对于思想政治教育目标的实现会造成的影响。

四、考核激励挂钩

考核制度是加强互联网思想政治教师队伍建设的有效措施，近年来，许多高校对互联网教师队伍的考核办法不断地进行完善，采取自我总结、相互交流等一些方式，坚持对互联网思想政治教师队伍的德、能、勤、绩等进行综合考核，有时还在教师队伍内部进行相关的评比表彰。

在考核工作中不仅要加强对教师队伍的宏观管理，及时发现和解决问题，同时还应对互联网思想政治教师队伍进行有效监督，树立互联网思政教师队伍的良好形象，使其能够在一定程度上起到导向和稳定的作用。

　　当然，对于教师队伍管理应该合理进行考评，奖惩结合，对在培训及工作中成绩优异的教师予以一定的物质和精神奖励；对那些经过培训仍不能胜任工作的、工作中出现重大疏漏的，必须予以相应惩罚。

五、搭建沟通平台

　　互联网思想政治教师是一种相对较新的职业，相对于传统的思想政治教育工作而言，没有经验可以借鉴，每一名互联网思政教育工作者只能使用"摸着石头过河"的工作方式，边探索边实践。如果可以有效地搭建起互联网思政教师队伍的沟通平台，为其提供一个开展工作交流、交换工作心得的空间，则可以极大地减少许多工作经验缺乏造成的各种困扰。目前，为互联网思政教师队伍搭建沟通平台的方式大致有以下几种。

（一）网上论坛

　　在网上开辟"学生工作之家"等工作交流论坛，集通知发布、经验交流等功能于一体，让互联网思政教师队伍拥有一个工作讨论的互联网家园。

（二）工作研讨会

　　定期开展互联网思想政治教师工作的研讨会，将先进做法加以推广并进行宣传，根据实际出现的困难加以讨论，达到一种集思广益的效果。

（三）畅通沟通渠道

　　互联网思想政治教师队伍建设是实施互联网思想政治教育的人员基础，合理有效地开设多途径、高效率的沟通渠道，建设一支政治觉悟高、理论水平高、工作能力强、自身修养优、工作效果佳的高水平互联网思想政治教师队伍，对于高校的互联网思想政治教育工作会有很大的促进作用。

参考文献

[1] 陈彦雄.高校思政课教学质量问题研究 [M].北京：北京工业大学出版社，2021.

[2] 甘玲.践行渐悟 高校思政课实践教学的探索与实践 [M].秦皇岛：燕山大学出版社，2022.

[3] 汪广荣.新时代高校思政课 STEMP 教学设计模式探究 [M].厦门：厦门大学出版社，2021.

[4] 施索华，裴晓涛.新时代高校思政课的"打开方式"[M].桂林：广西师范大学出版社，2018.

[5] 刘建明，石群.知行祖国：新时代高校思政课教学实践 第 1 辑 [M].北京：中国书籍出版社，2020.

[6] 王长民.铸就信仰 高校思政课教学创新 [M].南京：南京师范大学出版社，2017.

[7] 路小可.耕耘高校思政课 30 年 [M].北京：研究出版社，2015.

[8] 严昌莉.高校思政理论课教学实务研究 [M].北京：北京工业大学出版社，2021.

[9] 王钱超.经营思政课 地方高校的探索与实践 [M].合肥：合肥工业大学出版社，2017.

[10] 刘耀京.高校思政课激励机制研究 [M].北京：人民出版社，2022.

[11] 杨国鹏，原媛.高校思政课与新媒体融合路径探究与思考 [J].传播与版权，2023（06）：110-112.

[12] 何丽娜."大思政课"视域下高校思政课"135"育人模式探索 [J].阜阳职业技术学院学报，2023，34（01）：16-18+28.

[13] 冷翠玲，史佳旭．"互联网＋"背景下高校思政课亲和力提升研究 [J]. 湖北开放职业学院学报，2023，36（05）：145-147.

[14] 梁婷．高校思政课中微视频教学资源的应用研究 [J]. 传播与版权，2023（05）：107-110.

[15] 马福运，宋晓珂．"大思政课"视域下高校思政课生态建设论纲 [J]. 河南师范大学学报（哲学社会科学版），2023（01）：138-144.

[16] 陈欣欣，秦佳庚．高校思政课混合式教学模式改革探析 [J]. 赤峰学院学报（汉文哲学社会科学版），2023，44（02）：91-94.

[17] 贾晓旭．整体性视域下高校思政课知识体系的构建 [J]. 学校党建与思想教育，2023（04）：33-36.

[18] 李婷婷．提升高校学生思政课在线学习效果的实践路径探索 [J]. 西部学刊，2022（24）：76-79.

[19] 王培培，于安龙．高校思政课学习评价体系的建构——以立德树人为价值导向的创新路径探索 [J]. 天津师范大学学报（社会科学版），2023（01）：8-13.

[20] 孙海涛，贾永娟．高校思政课线上线下教学有效衔接难点突破研究 [J]. 太原城市职业技术学院学报，2022（11）：128-131.

[21] 张秀梅．高校思政课教学方法的供给侧改革路径研究 [D]. 北京：北京外国语大学，2022.

[22] 李晓庆．人类命运共同体理念融入高校思政课教学研究 [D]. 石家庄：石家庄铁道大学，2022.

[23] 朱旭可．高校思想政治理论课亲和力提升探究 [D]. 太原：中北大学，2022.

[24] 翟树义．高校思政课讲好中国故事的路径探究 [D]. 大连：辽宁师范大学，2022.

[25] 韩丽君．新时代高校思政课师生关系建设研究 [D]. 大连：辽宁师范大学，2022.

[26] 刘萍萍．高校思政课课堂育人研究 [D]. 济南：山东师范大学，2022.

[27] 徐子珺 . 高校思政课作为立德树人关键课程研究 [D]. 济南：山东建筑大学，2022.

[28] 马强 . 中华优秀传统文化融入高校思政课教学研究 [D]. 西宁：青海大学，2022.

[29] 常怡　新时代高校思政课教师胜任力研究 [D]. 上海：华中科技大学，2021.

[30] 林文君 . 高校思政课加强文化自信教育研究 [D]. 长沙：湖南大学，2021.